Carolin Philipps

Wer lacht hat keine Ahnung

Ueberreuter

Die Deutsche Bibliothek – CIP-Einheitsaufnahme

Philipps, Carolin:
Wer lacht hat keine Ahnung / Carolin Philipps. –
Wien : Ueberreuter, 1997
ISBN 3-8000-2499-3

J 2275/1
Alle Urheberrechte, insbesondere das Recht der Vervielfältigung,
Verbreitung und öffentlichen Wiedergabe in jeder Form,
einschließlich einer Verwertung in elektronischen Medien,
der reprografischen Vervielfältigung, einer digitalen Verbreitung
und der Aufnahme in Datenbanken, ausdrücklich vorbehalten.
Umschlag von Sabine Lochmann
Gesetzt nach der neuen Rechtschreibung
Copyright © 1997 by Verlag Carl Ueberreuter, Wien
Printed in Austria
1 3 5 7 6 4 2

1

Laura fuhr keuchend die letzten Meter den Gannerbarg hinauf. Das Fahrrad wankte bedenklich, aber schließlich hatte sie es geschafft. Mit zittrigen Beinen trampelte sie in die Pedale, dann ging es zum Glück ein Stück bergab.

Sie schaute nervös auf ihre Uhr. 22 Uhr 15. Vor drei Stunden hätte sie schon zu Hause sein sollen. Das hatte sie wenigstens der Mutter versprochen oder, besser gesagt, versprechen müssen, als sie gestern Mittag mit Rucksack und Luftmatratze losgezogen war.

Die anderen waren noch in der Disco und würden auch die nächste Nacht durchmachen. Nur sie musste wie immer als Erste nach Hause. Dabei waren die heißesten Nummern noch gar nicht gelaufen. *Dune* sollte erst gegen zwei Uhr auftreten. Und genau die hatte sie live erleben wollen. Den ganzen Abend hatte sie auf ihren Auftritt gewartet. Als dann verkündet wurde, dass sie erst um zwei Uhr eintreffen würde, war sie furchtbar enttäuscht gewesen.

»Dann fährst du eben jetzt nach Hause«, hatte ihre Freundin Chrissie schließlich genervt gesagt, als Laura nicht aufhörte zu jammern. »Spiel die brave Tochter, leg dich ins Bett. Und wenn deine Mammi schlafen gegangen ist, dann schleichst du dich raus und kommst zurück.«

Genau so würde sie es machen. Und nicht einmal ein schlechtes Gewissen haben. Die Mutter hatte selber Schuld, wenn Laura anfing, sie zu belügen. Warum musste sie auch immer als Erste nach Hause? Die anderen machten sich schon lustig über sie. »Na, muss unser Baby nicht bald ins Körbchen zu Muttern?«, hatte Pit heute Abend um sieben Uhr gefragt und auf seine Uhr gezeigt. »Zeit für kleine Mädchen!«, und alle hatten gelacht.

Laura hasste es, wenn man über sie lachte. Sonst hatte sie auf alles eine freche Bemerkung parat. Aber wenn sie merkte, dass sie ausgelacht wurde, blieben ihr die Worte im Hals stecken.

Das Grummeln in ihrem Bauch verstärkte sich. Den Stress, den es gleich mit ihrer Mutter geben würde, konnte sie im Moment gar nicht gebrauchen. Sie hatte ja nicht einmal erlauben wollen, dass sie zur Raveparty ging. »In deinem Alter musste ich abends um acht zu Hause sein«, hatte sie gesagt. »Und diese ständigen Partys sind nicht gut für deine Noten. Du solltest lieber lernen, statt dich herumzutreiben.«

Ständige Partys. Andere in ihrem Alter waren jeden Tag unterwegs oder doch wenigstens jeden Freitag- und Samstagabend. Und die Eltern holten sie sogar nachts von der Disco ab. Das käme ihrer Mutter nie in den Sinn, abgesehen davon, dass sie nicht einmal Auto fahren konnte.

Zum Glück war der Vater nicht so streng. Sie hatte ihm am Telefon von der Raveparty berichtet.

»Ra ... was für eine Party?«, hatte er zuerst gefragt.

»So was wie 'ne Disco.«

»Na, von mir aus. Was sagt denn deine Mutter dazu?«

»Die erlaubt es, wenn du nichts dagegen hast.«

Das war nicht mal gelogen. Dass die Mutter noch keine Ahnung hatte und es nur erlauben würde, wenn der Vater dafür war, brauchte er ja nicht zu wissen. Schließlich musste es für sie auch einen Vorteil haben, dass der Vater nur so selten zu Hause war und sich beide nicht besser absprechen konnten.

»Vati hat es aber erlaubt«, konnte sie dann am Freitagmittag ihrer Mutter triumphierend berichten, als diese schon bei den ersten Worten abwinkte.

»Hast du ihm erzählt, dass du nachts nicht nach Hause kommst? Dass du bei dieser Chrissie übernachtest?«

Laura nickte. »Klar doch! Er hat nichts dagegen.«

»Weil er dieses Mädchen nicht kennt!«, schimpfte die Mutter wütend. »Lass sie einmal hier aufkreuzen, wenn er zu Hause ist! Ich möchte nur mal sein Gesicht sehen. Wie die schon aussieht! Richtig verkommen mit ihren grünen Haaren und den Löchern in den Jeans.«

»Rote Haare«, korrigierte Laura grinsend. »Seit gestern ... rote Haare mit einem lila Schimmer.«

Die Mutter funkelte sie zornig an. »Warum musst du immer mit solchen Leuten befreundet sein? Es gibt so viele nette Mädchen in deiner Schule. Die Sarah zum Beispiel ...«

»Pfff ...«, machte Laura verächtlich.

»Pfff ...«, äffte die Mutter sie nach. »Kannst du mir verraten, was du gegen das Mädchen hast? Ich hab mich auf dem letzten Klassenfest lange mit ihr unterhalten. Die Sarah hängt nicht ständig auf Partys rum. Die spielt Klavier in ihrer Freizeit und ist immer so höflich und ...«

»Langweilig. Einfach nur langweilig. Gegen die ist 'ne Schlaftablette das reinste Aufputschmittel. Darum wird sie ja auch nie eingeladen. Vergiss es. Zwei Minuten mit der zusammen und ich schlafe ein.«

»Jedenfalls wäre ich ruhiger, wenn du mit ihr losziehen würdest als mit dieser ausgeflippten Type. Bei der weiß man doch nie, was die im nächsten Moment anstellt.«

Genau das war es ja, was Laura an Chrissie so schätzte. Mit ihr zusammen war immer was los. Fun pur. Chrissie wusste bestens Bescheid, was gerade in den Discos der Stadt abging. Und wenn dort einmal nichts los war, hatte sie bestimmt einen heißen Tip für irgendeine Privatfete. Ihr Wochenende begann am Donnerstag und endete am Dienstag der darauffolgenden Woche.

Das Thema Schule hatte Chrissie für sich längst abgehakt. Sie hatte die normale Schule mit sechzehn ohne

Abschluss verlassen, war dann auf eine Schule für schwierige Schüler gekommen und machte gerade eine Ausbildung zur Friseurin. Der Friseur war ein Freund ihrer Mutter und nur deshalb war sie wohl noch nicht vom Arbeitsplatz geflogen.

Chrissie kam auf irgendeine Weise immer durch. Vielleicht weil sie sich nicht so viele Gedanken machte wie andere Leute. Mit Chrissie zusammen zu sein, bedeutete Spaß, Spaß und noch mal Spaß. Und genau das brauchte Laura am Wochenende. Stress gab es in der Woche genug.

Stress! Laura holte tief Luft und trat noch kräftiger in die Pedale. Bestimmt saß die Mutter im Wohnzimmer oder ging im Flur auf und ab, horchte auf jedes Geräusch und würde wütend und den Tränen nahe über sie herfallen, sobald sie zur Tür hereinkam.

»Kind, wo warst du nur? Ich hab mir solche Sorgen gemacht. Hoffentlich krieg ich nicht wieder meine Migräne.«

Mutters Migräne kam immer dann, wenn sie sich über Laura aufregte, und das war in letzter Zeit sehr häufig der Fall. Heute kamen die Kopfschmerzen mit Sicherheit, denn heute hatte Laura nicht wie sonst schon mal zehn Minuten Verspätung. Heute war es der absolute Rekord: über drei Stunden.

Außerdem hatte sie nicht einmal Zeit gehabt, sich umzuziehen. Sie sah an sich herunter. Schwarze Stiefeletten, Netzstrumpfhose, schwarze Hotpants und T-Shirt. Darüber die schwarze Lederjacke von Chrissie. Bis auf das T-Shirt war alles von Chrissie ausgeborgt, die jede Menge verrückter Klamotten besaß und großzügig an ihre Freunde verteilte.

Sogar die Haare hatte Chrissie ihr gestern eigenhändig gefärbt. Lauras Bedenken hatte sie mit den Worten beiseite geschoben: »Wie lange willst du noch die brave

Tochter spielen? Nun sei mal ehrlich. Wen kann es denn schon stören, wenn du ein bisschen Farbe in dein braunes Haar bringst?«

Wie immer dauerte es auch diesmal nicht lange, bis Laura sich von Chrissie überzeugen ließ. Sie hatte große Angst davor, dass Chrissie sie für brav und langweilig hielt und sich vielleicht nach einer anderen Freundin umsehen würde.

Und so war sie jetzt stolze Besitzerin von drei grünen und zwei roten Haarsträhnen. Sie war sich total geil vorgekommen, aber Mutter würde sicher ausrasten, wenn sie so zu Hause ankam. Sie konnte überhaupt von Glück sagen, wenn Mutter diesmal nur ihre Migräne bekam und nicht schon die Polizei alarmiert hatte.

Vater würde sich nicht so aufregen, aber der saß auf irgendeiner Baustelle weit weg. Er kannte Chrissie nicht und hatte zum Glück keine Ahnung, was eigentlich auf diesen Partys abging. Darum verteilte er seine Erlaubnis für Lauras abendliche Ausflüge sehr großzügig und handelte sich damit ständigen Streit mit Lauras Mutter ein.

Vielleicht wollte er auch nur sein schlechtes Gewissen beruhigen, weil er am Wochenende wieder nicht nach Hause kommen konnte oder wollte. So ganz durchschaute Laura das noch nicht. Okay, es waren jedes Mal fünfhundert Kilometer von der Baustelle in der Nähe von Leipzig bis zu ihnen nach Hause. Aber in den ersten Wochen hatte er es auch jeden Freitag geschafft.

Seitdem hatte er immer neue Entschuldigungen. Zuerst hieß es, er müsse Überstunden machen. Dann meinte er, man könne das Fahrgeld für den Sommerurlaub sparen. Also kam er nur noch alle zwei Wochen, dann alle drei Wochen.

Anfangs hatte Laura sich nichts weiter dabei gedacht. Ihr Vater war seit einem Jahr auf verschiedenen Baustellen in immer anderen Städten unterwegs und meist nur am Wochenende zu Hause.

»Hauptsache, ich habe Arbeit«, sagte er immer. »Heutzutage kann man sich das nicht aussuchen. Ich würde auch lieber jeden Abend nach Hause kommen und die Beine auf dem Sofa hochlegen, statt in meinem Bauwagen zu hocken. Glaubt ihr, mir macht das Spaß?«

In Lauras Klasse gab es einige, deren Väter arbeitslos waren.

»Was glaubst du, wie nervig es ist, wenn der Vater den ganzen Tag zu Hause hockt, frustriert ist und an allem rummeckert«, erzählte Bernd. »Sei froh, dass dein Vater Arbeit hat.«

Dass irgendwas an der Sache faul war, bekam sie erst so nach und nach mit. Es gab häufig Streit zwischen ihren Eltern. Die Mutter machte ihm Vorwürfe, beschuldigte ihn, er würde die weite Fahrt nur als Vorwand benutzen, um sich in Leipzig herumzutreiben.

»Bestimmt hast du da eine Freundin«, hatte sie ihn beim letzten Besuch angeschrien.

Laura kam in dem Moment gerade zur Tür herein und blieb erschrocken stehen, als ihr Vater seinen Koffer packte, der im Flur stand, und ohne ein Wort der Begrüßung an ihr vorbeirannte.

Die Mutter hatte auf ihre Fragen keine Antwort gegeben.

»Das verstehst du nicht. Lass mich in Ruh!«, war alles, was Laura aus ihr herausbekam.

Aber immer häufiger stand die Kognakflasche abends und einmal sogar mittags, als Laura aus der Schule kam, auf dem Tisch. Neulich war ihr die Mutter torkelnd entgegengekommen, als sie abends aus dem Kino nach Hause kam.

»Wo warst du?«, hatte sie geschrien und Laura, die damit nicht gerechnet hatte, zwei Ohrfeigen versetzt.

»Du weißt doch, wo ich war, im Kino. Du hast es doch selber erlaubt!«, schrie Laura zurück.

Aber die Mutter war so betrunken, dass sie nicht zuhörte.

»Du fängst schon genauso an wie dein Vater. Treibst dich nachts irgendwo rum. Aber nicht mit mir! Mit mir nicht! Wir sind anständige Leute.«

Laura hatte die Hände über den Kopf gehalten, um die Schläge der Mutter abzuwehren, und war auf ihr Zimmer geflüchtet. Sie verschloss die Tür und kroch unter ihre Bettdecke, damit sie die Mutter, die an der Tür rüttelte und sie beschimpfte, nicht mehr hören konnte.

Am nächsten Morgen hatte sich die Mutter entschuldigt. Laura wollte nicht mit ihr reden und tat den ganzen Tag so, als sei die Mutter Luft für sie. Aber als sie dann anfing zu weinen, tat sie ihr doch wieder Leid.

Es folgte die große Versöhnung. Die Mutter versprach, wie immer weinend, nicht mehr zu trinken. Laura tat, wie immer, als ob sie ihr glaubte, und hatte doch Bauchschmerzen, wenn sie an das nächste Mal dachte, was mit Sicherheit kommen würde.

Noch hundert Meter. Dann hatte sie den Berg geschafft.

Laura machte die Augen zu und befand sich wieder auf der Raveparty von gestern Abend. Es war heiß und stickig, aber das spürte man nur, wenn man von draußen reinkam. Techno-Rhythmus ... 160 BPM ... Aus riesigen Boxen hämmerten die Bässe ... Dance to Trance ... Wild flackernde Lichter ... rot ... grün ... violett ... gelb ... Blitze zuckten ... Chrissie und Benni neben ihr ... Die ganze Nacht hindurch tanzten sie, dann weiter ... vierundzwanzig Stunden ohne Pause ... der totale Wahnsinn ...

2

In die nächste Kurve fuhr Laura mit so viel Schwung und zu allem Überfluss auch noch auf dem Bürgersteig, um weitere zwei Meter abzukürzen, dass sie nicht mehr bremsen konnte, als sie Opa Hermann mit seinem Dackel Ferdinand vor sich auftauchen sah.

Die beiden kamen gerade aus der Gartenpforte, um ihre tägliche Runde um den Block vor dem Schlafengehen zu drehen.

Laura versuchte auszuweichen, fuhr dabei über die gespannte Hundeleine und kippte um. Sie schoss über das Lenkrad hinaus und landete mitten in der sorgfältig gepflegten Holunderhecke. Ferdinand wurde halb stranguliert, Opa Hermann verlor das Gleichgewicht, fiel seitlich in das Beet und schlug mit dem Kopf an einen großen Findling, der dort zur Verzierung des Beetes lag.

Für einen Moment herrschte absolute Stille. Alle drei lagen wie betäubt auf dem Boden. Ferdinand kam als Erster zu sich. Er schüttelte sich, baute sich vor Laura auf und bellte sie zornig an. Und wenn sie nicht alte Freunde gewesen wären, hätte er sie sicher ins Bein gebissen.

Laura setzte sich auf und schaute um sich. Ihr Kopf brummte. Sie stand auf und humpelte zur Straßenlaterne. Das hatte sie befürchtet. Die neue Strumpfhose von Chrissie hatte den Sturz nicht überlebt und das rechte Bein war ziemlich zerfetzt worden. Sorgfältig untersuchte sie die Lederjacke, aber sie konnte nur kleine Kratzer entdecken, die Chrissie sicherlich nicht auffallen würden.

Ferdinand war ihr gefolgt und bellte sie zornig an. Erst da fiel ihr Opa Hermann wieder ein. Er lag, ohne sich zu rühren, im Beet. Sie schüttelte ihn vorsichtig, dann etwas heftiger.

»Scheiße! Das hat mir noch gefehlt!«, fluchte sie verzweifelt.

Endlich bewegte er sich und stöhnte leise. Ferdinand leckte ihm erfreut das Gesicht ab.

»Mein Kopf!« Opa Hermann machte die Augen auf und schaute sich verwirrt um.

Laura beugte sich zu ihm hinunter und half ihm beim Aufstehen. Opa Hermann wankte bedenklich hin und her und wäre erneut gestürzt, wenn Laura ihn nicht aufgefangen hätte. Sie verlor fast das Gleichgewicht, als er sich schwer atmend auf sie stützte.

»Mir ist so schwindlig.«

Laura half ihm erst einmal auf die Gartenbank. Sie zog ihm seinen Hausschlüssel aus der Tasche und öffnete die Tür. Dann tastete sie nach dem Lichtschalter. Vorsichtig führte sie ihn ins Haus. Opa Hermann fiel erschöpft in den Sessel, Laura betrachtete ihn besorgt. Gebrochen schien er sich nichts zu haben, aber blass war er, sehr blass sogar; die Augen geschlossen, lag er im Sessel. Und schwindlig war ihm auch immer noch.

»Soll ich einen Arzt rufen?«, fragte Laura ängstlich.

Opa Hermann schüttelte den Kopf.

»Mir ist ja nur ein bisschen schummrig im Kopf. Das geht schon von alleine weg.«

Während Laura noch überlegte, ob sie nicht doch besser einen Arzt holen sollte, hörte sie von draußen lautes Schimpfen. Frau Peters Stimme. Blöde Kuh, dachte Laura. Die hat mir gerade noch gefehlt. Sie lief auf die Straße.

»Ist das dein Fahrrad?« Frau Peters Stimme überschlug sich fast vor Aufregung. «Einen Schritt weiter, und ich wäre gestolpert. Das hätte ich mir eigentlich denken können. Wenn in dieser Straße etwas passiert, dann bist du mit Sicherheit dabei.«

Laura kam betont langsam aus dem Haus. Frau Peters, die Laura erst jetzt im Schein der Straßenlaterne genauer betrachten konnte, blieben die Worte im Hals stecken.

Sprachlos starrte sie auf die schwarzen Netzstrümpfe, die Hotpants, die grünroten Haare, die Laura – was nach einer durchtanzten Nacht kein Wunder war – wirr ins Gesicht hingen. Endlich brachte sie heraus: »Wie siehst du denn aus? Weiß deine Mutter, dass du sooo herumläufst? Um diese Zeit? Du siehst aus wie eine ... eine ...«

Laura grinste sie erwartungsvoll an. Hure wollte Frau Peters sagen. Darauf ging sie jede Wette ein. Aber das Wort würde sie nicht über die Lippen bringen. Nicht Frau Peters, die immer so vornehm und wohlerzogen tat.

Während Frau Peters noch nach Worten rang, betrachtete Laura sie gespannt. Frau Peters ging ihr gerade bis zum Kinn, obwohl sie immer hochhackige Schuhe trug.

Eigentlich verabscheute sie Frau Peters. Sie wohnte im Stockwerk unter ihnen und erschien immer dann, wenn man sie überhaupt nicht brauchen konnte. Solange Laura denken konnte, hatte die Frau etwas an ihr herumzumeckern gehabt: Sie machte mit ihren Freundinnen zu viel Krach auf der Straße oder in der Wohnung und störte dadurch Frau Peters Mittagsruhe oder sie hatte nicht freundlich genug gegrüßt.

Der Vater hatte immer nur gelacht, wenn Frau Peters sich wieder mal beschwerte. »Wenn die gute Frau selber Kinder hätte, würde sie wissen, dass man Kinder nicht ständig anbinden und ruhig halten kann«, pflegte er zu sagen.

Die Mutter dagegen nahm jede Beschwerde von Nachbarn sehr ernst. Sie hatte richtig Angst vor den Leuten und bemühte sich, auch ja keinen falschen Schritt zu machen. Die vielen Ermahnungen der Mutter führten schließlich dazu, dass Lauras Freundinnen nicht mehr kamen und

Laura zu ihnen gehen musste, wenn sie gemeinsam spielen wollten.

In letzter Zeit hatte Laura sich nicht mehr alles gefallen lassen und Frau Peters ordentlich kontra gegeben, was dann jedes Mal zu einer Beschwerde bei ihrer Mutter geführt hatte. Auch diesmal würde sie sicher spätestens morgen früh bei der Mutter klingeln und ihr alles brühwarm erzählen.

Aus dem Haus kam leichtes Stöhnen. Opa Hermann! Den hatte sie total vergessen. Frau Peters fuhr erschrocken zusammen.

»Sag mal, was ist denn hier eigentlich los? Hat da nicht einer gestöhnt?«

Auch das noch! Jetzt würde der Ärger erst richtig losgehen.

»Opa Hermann ... Er ist gestürzt. Aber es ist eigentlich nichts passiert ...«

Frau Peters schubste Laura zur Seite und eilte durch die offene Haustür. Kurz bevor sie verschwand, drehte sie sich noch einmal zu Laura um.

»Räum wenigstens dein Fahrrad zur Seite, sonst passiert noch ein Unglück.«

Laura verzog das Gesicht, machte sich dann aber daran, ihr Fahrrad aus dem Weg zu räumen. Der Vorderreifen war verbogen und das Vorderlicht zerbrochen. Mit dem Fuß fegte sie die Scherben unter die Hecke.

Dann setzte sie sich auf die Bank vor dem Haus. Mit zittrigen Fingern suchte sie in ihrer Jackentasche herum. Eine musste noch da sein. Da war sie. Laura holte die kleine rote Pille mit zwei Fingern hervor und schluckte sie hastig hinunter. Dann lief sie ins Haus zum Badezimmer und spülte eine Handvoll Wasser hinterher. Sie lehnte sich für einen Moment an die Wand und holte tief Luft. Ein Glück, dass sie die eine Tablette noch zurückbehalten hatte. Jetzt konnte sie die nächsten Stunden überstehen.

Im Wohnzimmer legte Frau Peters gerade den Telefonhörer auf.

»Ich hab den Notarzt angerufen. Man weiß ja nicht, ob er eine Gehirnerschütterung hat.« Beide betrachteten Opa Hermann, der noch immer mit geschlossenen Augen im Sessel saß.

»Wie konnte das nur passieren? Hast du das Unglück gesehen?«

»Ge ... gesehen? Na ja, nicht so direkt«, stotterte Laura. »Wir sind zusammengestoßen.«

Frau Peters sah sie mit großen Augen an. »Zusammengestoßen!? Das heißt mit anderen Worten, du bist mal wieder auf dem Bürgersteig gefahren. Wie oft hab ich dir gesagt, es wird noch mal ein Unglück passieren? Aber nein ...«

Laura schwieg. Sie ließ die Strafpredigt von Frau Peters über sich ergehen, ohne das Gesicht zu verziehen. Selbst als Frau Peters anfing, »Lauras unverschämtes Benehmen« der letzten Jahre aufzurollen, zog sie es vor, den Mund zu halten.

Sie schaute verstohlen auf die Uhr. 22 Uhr 45. Die Party bei Chrissie nächste Woche konnte sie vergessen. Zwei Wochen Hausarrest waren das Mindeste, was die Mutter ihr aufbrummen würde. Und die Fünf in Mathe konnte sie an diesem Wochenende gar nicht mehr beichten. Zu allem Überfluss wollte der Mathelehrer auch noch die Unterschrift der Mutter sehen. Vielleicht sollte sie es doch wie Boris machen. Der konnte inzwischen die Unterschrift seines Vaters so gut fälschen, dass sie besser aussah als das Original.

Endlich kam der Notarzt. Er stellte eine leichte Gehirnerschütterung fest und verordnete drei Tage Bettruhe.

3

Laura schob erleichtert ihr Fahrrad nach Hause. 23 Uhr 15. Vielleicht war die Mutter ja bereits zu Bett gegangen. Aber schon von weitem sah sie, dass in der Wohnung im dritten Stock noch Licht brannte. Das Grummeln in Lauras Bauch wurde wieder stärker. Wie sagte Opa Hermann doch immer? Je eher daran, desto eher davon. Laura holte tief Luft, schnappte ihr Fahrrad und trug es in den Keller. Leise öffnete sie die Wohnungstür.

»Laura! Bist du das?«

Obwohl sie ja damit gerechnet hatte, zuckte sie zusammen. Mit eingezogenem Hals blieb sie stehen und wartete auf das Donnerwetter.

Es kam nicht. Die Mutter erschien nicht einmal im Flur. Langsam ging Laura zum Wohnzimmer und schaute vorsichtig durch die Tür, so dass ihre Mutter ihre Kleidung nicht sehen konnte. Aber die Mutter saß vor dem Fernseher und schaute nicht einmal auf, als sie hereinkam.

»Tut mir Leid wegen der Verspätung. Erst hatte ich einen Platten und dann bin ich ...«

»Ist schon gut. Geh schnell schlafen, sonst kommst du morgen nicht aus dem Bett. Im Kühlschrank steht noch Sahnequark, falls du Hunger hast. Schlaf gut.«

Die Mutter winkte ihr zu, ohne sich nach ihr umzudrehen. Sie verfolgte weiterhin das Gespräch im Fernseher.

Laura verschwand, so schnell sie konnte, aus dem Wohnzimmer. Im Flur blieb sie stehen und schüttelte ihre Uhr. Irgendeiner tickt nicht richtig, dachte sie: Mutter, die Uhr oder ich.

Letzte Woche hat sie ein solches Theater gemacht, als ich nur eine Viertelstunde zu spät gekommen bin, und heute sind es über vier Stunden.

Auf Zehenspitzen schlich sie zur Wohnzimmertür zurück. Vorsichtig schaute sie um die Ecke. Wahrscheinlich hatte sie das der Sendung zu verdanken, die ihre Mutter gerade so gespannt verfolgte. Neugierig schaute sie auf den Bildschirm.

Eine Talkshow! Seit wann schaute sich Mutter Talkshows an? Krimis, alte Filme, Volksmusik, das war Mutters tägliche Fernsehnahrung.

Gerade sagte die Moderatorin: »Wie aus einem Bericht der UNESCO hervorgeht, können fast eine Milliarde Menschen weder lesen noch schreiben. Selbst in den reichen Industrieländern soll es zirka zweiundvierzig Millionen Menschen geben, die diese Fertigkeiten in der Schule nicht erworben haben. Um ihnen zu helfen, dies nachträglich zu lernen, sollen überall in den größeren Städten Kurse eingerichtet werden.«

»So'n Quatsch!«, entfuhr es Laura. »Kurse für Erwachsene, damit die lesen und schreiben lernen. So was lernt doch selbst der Doofste in der Schule.«

Die Moderatorin redete weiter. Eine Talkshow über Analphabetismus. Laura schüttelte sich. Allein das Wort. Aber bitte, sie war der Moderatorin richtig dankbar für das Thema, wenn es ihre Mutter so fesselte, dass sie sogar vergaß, auf die Uhr zu schauen und zu schimpfen.

In ihrem Zimmer streifte Laura die Schuhe ab und legte sich unter die Bettdecke, die sie bis zum Hals hochzog. Dann starrte sie an die Decke und wartete. Zwischendurch schaute sie ungeduldig auf den Wecker im Regal. 23 Uhr 30. Wann war diese blöde Sendung endlich zu Ende?

Gegen Mitternacht hörte sie die Schritte der Mutter auf der Treppe. Sie beobachtete durch die geöffnete Tür, wie sie durch den Flur zum Bad ging.

Ob sie wieder zu viel getrunken hat? Dann hat sie

morgen einen Kater und liegt den ganzen Tag jammernd im Bett. Schöne Aussichten!

Sie hasste es, wenn die Mutter betrunken war. Es war in letzter Zeit schon schwierig genug mit ihr, wenn sie nüchtern war. Aber nach einer halben Flasche Whisky oder Kognak war es nicht auszuhalten, vor allem freitags, wenn der Vater angerufen hatte, um zu sagen, dass er am Wochenende wieder nicht nach Hause käme.

Wenn Laura an einem solchen Freitag auch noch mit einer schlechten Note aus der Schule kam – und für ihre Mutter war schon eine Drei minus eine schlechte Note –, rastete sie völlig aus. Vor einigen Wochen hatte sie wegen einer Fünf in Englisch mit dem Kochlöffel nach Laura geschlagen. Zum Glück war sie rechtzeitig in Deckung gegangen und der Schlag hatte nur den Teller auf dem Küchenschrank getroffen. Die Scherben sprühten durch die Küche, Laura schrie und die Mutter schaute ganz erschrocken auf den Kochlöffel. Dann war es still in der Küche, bis die Mutter anfing, furchtbar zu weinen. Laura hatte sie eine Weile regungslos angeschaut, voller Zorn und Verachtung. Aber dann hatte sie ihr nur den Kochlöffel aus der Hand genommen und den Arm um sie gelegt.

Später hatte sie die Mutter ins Schlafzimmer in ihr Bett gebracht, ihre Sachen gepackt und war zu Chrissie gefahren. An diesem Tag brach sie zum ersten Mal das Versprechen, das sie sich selber gegeben hatte: niemals unter der Woche Ecstasy. Das gehörte zwar seit Monaten zu ihren Wochenenden, so wie Chrissie und die Ravepartys. Aber sie nahm es nur am Wochenende.

Chrissie meinte zwar, von Ecstasy könne man nicht abhängig werden. »Ich kenn 'ne Menge Typen, die schlucken das Zeug seit Jahren und sind immer noch gut drauf. So wie die einen ihren Kaffee trinken, brauchen die anderen halt ihre Pillen.«

»In der *Bravo* haben sie aber darüber geschrieben, wie gefährlich es sein kann.«

»Ach hör auf! Das sind doch alles Klugscheißer, die es selber noch nie ausprobiert haben. Die haben doch null Ahnung, wie das Zeug wirkt. Du darfst nur nicht gleichzeitig was anderes schlucken. Es ist völlig ohne Nebenwirkungen, das kannst du mir glauben. Bei Ecstasy kenn ich mich aus. Ich hab bestimmt schon mehr von den Dingern geschluckt, als diese Journalisten sich vorstellen können. Nichts ist passiert, du hast nur dieses total coole Gefühl. Auch von Kaffee kannst du schließlich süchtig werden. Nur darüber schreibt keiner so 'n Scheißbericht.«

Laura blieb skeptisch. Sie schluckte Ecstasy am Wochenende, damit sie die nächtelangen Partys durchhalten konnte, schwor sich aber, unter der Woche die Finger davon zu lassen.

Und bis zu jenem Tag vor vier Wochen hatte sie es auch geschafft. Seitdem kaufte sie – sofern sie Geld hatte – immer eine Tablette auf Vorrat für besondere Stress-Situationen in der Woche. Und wenn sie kein Geld hatte, dann gab es immer noch Chrissie. Ihre Schulden bei der Freundin waren inzwischen auf über einhundert Mark angewachsen, aber bislang hatte Chrissie noch keine Rückzahlung gefordert.

Leider hatte Laura diesmal die Wochenration wegen Frau Peters schon aufgebraucht. Egal, sie würde nachher neue Tabletten kaufen. Der Peter hatte noch eine ganze Schachtel voll, die Party war längst noch nicht zu Ende.

Die Schlafzimmertür schlug hinter der Mutter zu. Laura zählte noch bis dreihundert, dann stand sie leise auf und schlich die Treppe hinunter in die Küche. Aus der Keksdose im Küchenschrank, wo die Mutter immer Geld für Fahrkarten, Briefmarken und Ähnliches sammelte, nahm sie die Markstücke heraus und stopfte sie in ihre Jackentasche. Steht mir eigentlich sowieso zu, dachte sie. Schließlich hat Mutter zwei Tage nicht für mich kochen müssen.

Auf Zehenspitzen schlich sie durch den Flur, zog die Tür millimeterweise hinter sich zu. Dann durch die Haustür nach draußen. Das hatte sie schon ein paarmal ausprobiert. Immer dann, wenn die Mutter am Abend getrunken hatte und voraussichtlich den nächsten Morgen bis Mittag im Bett verbringen würde.

Sie holte Vaters Fahrrad aus dem Keller und fuhr los. In Pit's Disco war die Party noch voll im Gange. Im ersten Moment bekam sie kaum Luft, als sie die Tür öffnete. Es war stickig, die Musik ließ ihre Ohren fast platzen.

Sie wühlte sich durch das Gedränge. Peter stand an der Bar und winkte ihr zu. Das Gute bei Peter war, dass man nicht viel erklären musste. Sie schob ihm das Geld hin, er zählte es und schob ihr zwei Ecstasy zurück.

Eine Minute später war sie wieder mitten drin. Sie entdeckte Chrissie im Gewühl und tanzte zu ihr hin. Chrissie winkte ihr zu.

Und dann gab es nur noch die Musik ... 160 BPM ... Arme und Beine, der ganze Körper nur noch Rhythmus ... Sekunden ... Minuten ... Stunden ... Immer weiter ... niemals aufhören ... Nicht denken ... keine Sorgen ... Nichts zählt mehr ... 160 BPM ... die Musik ist in dir ... schlägt durch dich durch ... du bist die Musik ...

Darum gibt es auch kein Ende ... Ende wovon? ... Immer weiter ...

Erst gegen 6 Uhr kam sie zurück. Müde und glücklich. Es hatte sich gelohnt. Der Auftritt von *Dune* war Spitze gewesen.

Im Haus schliefen noch alle. Nur oben im vierten Stock bei Meiers brannte Licht in der Küche. Vor dem Zimmer der Mutter horchte sie zufrieden auf das laute Schnarchen.

Es würde noch eine ganze Weile dauern, bis die Mutter ihren Rausch ausgeschlafen hatte. Laura versteckte Chrissies Klamotten unter dem Bett und schlief sofort ein.

4

»Laura! Aufwachen! Laura!« Laura kam nur sehr langsam zu sich, blinzelte. Neben ihrem Bett stand die Mutter und rüttelte sie.

»Ich dachte, du bist längst in der Schule, und dann liegst du noch im Bett und schläfst.«

Laura fielen die Augen wieder zu.

»Laura!«

Die Mutter wurde ärgerlich. »So spät bist du doch gestern gar nicht im Bett gewesen. Das war das letzte Mal, dass du sonntagabends unterwegs warst. Das letzte Mal, hörst du?«

Diese Drohung bewirkte immerhin, dass Laura sich krampfhaft bemühte, die Augen wieder zu öffnen.

»Wie spät ist es denn?«

»Gleich zehn Uhr. Ihr schreibt doch heute morgen eine Englischarbeit. Frau Bock hat angerufen, ob du krank bist oder schwänzt.«

»Blöde Ziege«, murmelte Laura und drehte sich auf die andere Seite.

»Wenn du nicht in fünf Minuten in der Küche bist, hast du die nächsten vier Wochen Hausarrest.«

Die Tür schlug zu. Vier Wochen Hausarrest. Die Alte spinnt doch. Kann sie ja doch nicht kontrollieren. Ich geh durchs Fenster, wenn es sein muss.

Trotzdem rollte sich Laura aus dem Bett. Wenn die

Mutter zornig war, setzte sie sich womöglich vor ihr Zimmer und hielt Wache. Zuzutrauen war ihr das.

Im Badezimmer brauste sie ihren Kopf erst mal mit kaltem Wasser ab, zog Hose und T-Shirt über und ging in die Küche.

Die Mutter goss ihr einen Kaffee ein und legte einen Toast auf den Teller.

»Wenn du dich beeilst, schaffst du es noch zur vierten Stunde. Mein Gott, war mir das peinlich, als Frau Bock anrief und ich keine Ahnung hatte, dass du noch im Bett liegst. Warum hast du den Wecker nicht gestellt?«

Weil ich nicht vorhatte, zur Schule zu gehen. Und weil ich dachte, du schläfst bis Mittag, wie immer, wenn du getrunken hast. Aber das sagte Laura natürlich nicht laut.

Stattdessen murmelte sie nur: »Wieso bist du so früh auf?«

»Früh? Na hör mal, es ist gleich Mittag! Außerdem hab ich was vor. Du musst dich heute Mittag alleine versorgen. Ich fahr in die Stadt und weiß noch nicht, wann ich zurück bin.«

Laura schaute ihre Mutter erstaunt an. Sie konnte sich nicht daran erinnern, dass ihre Mutter jemals über Mittag weggeblieben war. Und in die Stadt fahren?

»Ich dachte, du kriegst Platzangst in der U-Bahn?«

»Dachte ich auch, aber ich werd es einfach versuchen. Nun mach schon. Ich hab heute Morgen für dich gekocht. Du brauchst das Essen nur noch aufzuwärmen.«

Laura spülte den Rest Toast mit Kaffee hinunter. Wieso war die Mutter so schrecklich aktiv heute Morgen?

»Du kannst ruhig schon gehen, wenn du es eilig hast.« Laura gähnte.

»Und du gehst dann zurück ins Bett? Nee, nee, ich bringe dich höchstpersönlich zur Schule. Und sieh zu, dass die Arbeit einigermaßen wird. Auch dein Vater erlaubt dir keine Party mehr, wenn die Noten nicht stimmen.«

Es gab Tage, da kannte die Mutter kein anderes Thema als Schule, Noten, Lernen. Und so einen Tag hatte Laura heute erwischt. Leider hatte die Mutter diesmal Recht. Der Vater sah es zwar nicht ganz so eng und flippte nicht schon bei einer Vier aus. Aber auch er war nicht glücklich gewesen, als sie am Ende des letzten Schuljahres nicht versetzt wurde.

Er hatte ihr keine Vorwürfe gemacht, sie sogar verteidigt, als die Mutter sie anbrüllte:

»Das hast du jetzt von deiner Faulheit. Eine Schande ist das! Und du könntest, wenn du wolltest. Du bist nur zu faul.«

Bis dahin hatte sich der Vater zurückgehalten, aber dann hob die Mutter den Arm, um Laura zu schlagen. Der Vater hatte nur einen Satz gesagt, aber der hatte gereicht, um die Mutter zum Schweigen zu bringen.

»Der Apfel fällt nicht weit vom Stamm«, sagte er leise, aber sehr betont.

Die Wirkung war erstaunlich. Laura, die sich schon geduckt hatte, damit die Ohrfeige sie nicht treffen konnte, sah verwundert, wie die Mutter kreidebleich wurde, sich umdrehte und aus dem Zimmer rannte.

Dann hatte der Vater Laura angeschaut und gesagt: »Eines Tages, Laura, wirst du es bereuen. Manche Menschen können nichts dafür, wenn sie nicht lernen können, aber zu denen gehörst du glücklicherweise nicht. Du hast eine Chance. Warum nutzt du sie nicht?«

Die Mutter kam den ganzen Abend nicht mehr aus dem Schlafzimmer heraus. Am nächsten Morgen war sie blass und hatte rot geweinte Augen. Einige Wochen lang sagte sie kein Wort mehr über Lauras Noten.

Laura seufzte. Die Zeit war schon lange vorbei. Im

Moment bekam die Mutter schon bei einer Drei minus die große Krise und brüllte herum. Wenn sie nur wüsste, was der Vater gemeint hatte: »Der Apfel fällt nicht weit vom Stamm.« Es hatte bei der Mutter wie ein Zauberwort gewirkt und ihr, Laura, einige Wochen Ruhe verschafft. Vielleicht sollte sie es einfach mal ausprobieren. Wenn sie es so richtig mit Überzeugung herausbrachte, würde die Mutter nicht mal merken, dass sie keine Ahnung hatte, was es bedeuten sollte. Hauptsache, es wirkte. Mit der versiebten Mathearbeit im Rücken und der nicht vorbereiteten Englischarbeit vor sich beschloss Laura, bei der nächsten Gelegenheit das Zauberwort auszuprobieren.

Laura trabte hinter ihrer Mutter her, die ein unheimliches Tempo vorlegte. Richtig schick hatte sich die Mutter angezogen. Sogar die Haare waren frisch gewaschen, was sie in letzter Zeit eigentlich nur am Freitag machte, wenn sie hoffte, dass der Vater nach Hause käme.

Laura konnte gar nicht mehr aufhören zu gähnen. Wenn sie bloß nicht so müde wäre. Die Englischarbeit würde sie sowieso in den Sand setzen. Sie hatte am Wochenende lernen wollen, wirklich. Sie hatte die letzten Arbeiten schon auf eine Fünf geschrieben. Die Lehrer würden kein Mitleid mit ihr haben, wenn sie weiterhin so schlechte Noten schrieb. Bei einer erneuten Nichtversetzung müsste sie womöglich die Schule verlassen.

Es lag nicht an ihren guten Vorsätzen. Davon hatte sie genug, und nach jeder verpatzten Arbeit kamen neue dazu. Aber wenn sie dann tatsächlich lernen wollte, kam immer etwas dazwischen.

Diesmal war es Chrissie mit der Party gewesen. Sie hatte es kaum glauben können, als Chrissie sie einlud. Schließlich kannten sie sich nur flüchtig vom Tanzen. Außerdem war sie schließlich zwei Jahre älter als Laura und konnte an jeder Hand zwei Freunde haben. Sie lebte nicht mehr zu Hause, sondern in einer Jugendwohnung mit zwei anderen Mädchen. Bei ihr war immer etwas los und wer Zoff zu Hause hatte, konnte dort unterkriechen. Für Laura war es eine große Ehre, dass Chrissie sie zur Freundin gewählt hatte, und sie würde alles tun, damit das so blieb.

Ausgerechnet an diesem Wochenende, wo Laura zu Hause bleiben und lernen wollte, hatte Chrissie sie eingeladen, mit ihr zur Party zu gehen. Da konnte sie doch nicht wegen einer Englischarbeit absagen.

Und es hatte sich gelohnt, auch wenn sie mal wieder nicht für die Arbeit gelernt hatte. Das schlechte Gewissen hatte Chrissie ihr ziemlich schnell ausgeredet. »Schule! Vergiss es einfach! Entspann dich. Hier tobt das Leben. Den Kram, den du in der Schule lernst, brauchst du später doch nicht mehr.« Je länger sie tanzten, desto unwichtiger war die Schule geworden.

Nur leider hielt diese Wirkung an diesem Morgen nicht mehr an. Je näher sie der Schule kam, desto langsamer wurde Laura.

Vor der Schule blieb sie stehen.

»Was sag ich jetzt als Entschuldigung?«

Die Mutter sah sie ungeduldig an. »Sag die Wahrheit. Du hast verschlafen. Das kann doch mal passieren.«

Laura dachte daran, wie oft sie in den Wochen schon wegen Verschlafens zu spät gekommen war. Ihr Klassenlehrer hatte angedroht, von jetzt an müsse sie jede verspätete Minute nachsitzen.

»Mir wär' es lieber, du schreibst mir eine Entschuldigung. Dann krieg ich wenigstens keinen Ärger.« Laura kramte in ihrer Tasche nach einem leeren Blatt und ihrem Füller.

Doch die Mutter hatte es auf einmal sehr eilig. Sie schaute auf ihre Uhr und rief erschrocken: »Ich verpass die U-Bahn. Ich muss los. Notfalls ruf ich heute Abend bei deinem Lehrer an.«

Sie winkte Laura zu und verschwand um die Ecke. Laura schaute ihr wütend hinterher. Das war mal wieder typisch. Solchen unangenehmen Dingen ging sie immer aus dem Weg. Schon bei dem Gedanken an Konflikte mit den Lehrern sah sie Rot. Hatte die Mutter überhaupt mal eine Entschuldigung für sie geschrieben? Sie konnte sich nicht daran erinnern. Früher hatte das der Vater gemacht, wenn er da war. Die Mutter erledigte alles per Telefon. Sie schrieb überhaupt so gut wie nie. Sie hatte seit ihrer Kindheit eine chronische Sehnenscheidenentzündung. Wenn sie Laura eine Nachricht hinterlassen wollte, weil sie nicht zu Hause war, sprach sie auf den Anrufbeantworter. Das war so, solange Laura denken konnte.

Ein wenig merkwürdig benahm sich die Mutter schon, denn auch zu Elternabenden und zum Elternsprechtag war immer nur der Vater gegangen. Das letzte Mal musste er sogar Urlaub nehmen, um zum Elternsprechtag zu kommen. Es hatte deswegen einen bösen Streit zwischen den Eltern gegeben.

»Du sollst doch nur mit dem Klassenlehrer über Laura reden«, hatte der Vater gerufen. »Hast du Angst, der lässt dich ein Diktat schreiben oder was vorlesen?«

Die Mutter war knallrot geworden und wieder einmal aus dem Zimmer gelaufen. Am Ende hatte doch der Vater gehen müssen.

Die Mutter drückte sich sogar vor dem Milchverkauf in den großen Pausen, der von den Eltern für die Schüler organisiert wurde. Dabei hätte sie Zeit genug gehabt. Aber es war, als ob sie Angst hätte, auch nur einen Fuß in die Schule zu setzen.

Es klingelte zur vierten Stunde. Laura rannte über den Schulhof.

5

Nach der sechsten Stunde machte sich Laura auf den Rückweg. Die Englischarbeit war besser gelaufen als gedacht. Mindestens eine Drei müsste diesmal drin sein. Das lag allerdings nur zum geringen Teil an ihren Englischkenntnissen. Markus hatte sie abschreiben lassen, was sie ausgerechnet von ihm nicht erwartet hatte. Er war der beste Schüler der Klasse, ließ aber sonst nie jemanden abschreiben, schon gar nicht Laura, mit der er sich überhaupt nicht verstand.

Das beruhte allerdings auf Gegenseitigkeit. Beide ließen keine Gelegenheit aus, sich ordentlich die Meinung zu sagen. »Hass auf den ersten Blick!«, nannte Sven das, denn einen richtigen Grund für den ständigen Streit gab es eigentlich nicht.

»Was sich liebt, das neckt sich!«, meinte darum auch Nicole eines Morgens, als sie sich mal wieder ein Wortgefecht geliefert hatten. »Markus und Laura, das heimliche Liebespaar!«

Laura schüttelte sich bei dem Gedanken, wenn sie Markus auch wegen der Hilfe bei der Arbeit sehr dankbar war. Wahrscheinlich hatte er heute seinen sozialen Tag. Mehr nicht.

Vor der Gartenpforte traf sie auf Frau Peters, die ihr zuwinkte.

»Kannst du mal zur Apotheke fahren?«

»Jetzt?« Laura dachte an den Berg, den sie gerade mühsam hochgefahren war. Und jetzt das Ganze noch einmal? Sie wollte schon eine patzige Antwort geben, als ihr Opa Hermann wieder einfiel. Den Unfall gestern Abend hatte sie total vergessen.

»Für Opa Hermann?«, fragte sie darum vorsichtig.

Frau Peters nickte. »Er hat eine schlimme Nacht hinter sich. Ich war den ganzen Morgen bei ihm. Der Arzt war noch mal da. Wenn du zur Apotheke fährst, könnte ich ihm schnell was zu essen kochen.«

Laura nahm ihr das Rezept ab und raste los. Sie hatte ein ziemlich schlechtes Gewissen. Warum musste sie ausgerechnet mit Opa Hermann zusammenstoßen?

Da sie ihre richtigen Opas nie kennengelernt hatte, war Opa Hermann als Ersatz eingesprungen. Ihre Eltern hatten sich mit dem alten Mann angefreundet, als seine Frau starb und er sich einsam fühlte.

Das erste Mal hatten sie ihn Weihnachten nach dem Tod seiner Frau eingeladen. Von da an gehörte er zur Familie. Er ging mit Laura in den Zoo, versorgte sie, wenn ihre Eltern abends ins Kino gingen, schenkte ihr das erste Fahrrad und betreute die Wohnung, wenn die Familie in Urlaub fuhr.

Hatte Laura Probleme und traute sich nicht nach Hause, ging sie zuerst zu ihm. Er machte ihr immer Mut, nach Hause zu gehen. Manchmal kam er sogar selber mit, um den ersten Ärger der Mutter abzufangen. So auch im letzten Sommer, als klar war, dass sie nicht versetzt werden würde.

Laura holte die Salbe und die Tabletten und kaufte eine Schachtel Pralinen, die Opa Hermann immer so gerne aß. Dann fuhr sie zurück. Ziemlich außer Atem kam sie beim Haus an, wo Frau Peters gerade die Suppe servierte.

»Willst du gleich mitessen?«, bot sie Laura an. »Deine Mutter scheint nicht zu Hause zu sein. Wir haben mehrmals versucht, sie anzurufen.«

Laura hatte eigentlich keine Lust, ausgerechnet mit Frau Peters an einem Tisch zu sitzen, obwohl sie sich wirklich toll verhalten hatte. Aber als Opa Hermann sagte:

»Leiste uns doch ein bisschen Gesellschaft, Laura«, konnte sie schlecht ablehnen.

»Na, wie war's in der Schule?«, wollte Frau Peters wissen.

Laura verzog das Gesicht. Die Schule war kein gutes Thema, beim Essen erst recht nicht und schon gar nicht mit Frau Peters.

»Ihre Suppe schmeckt wirklich gut. Sie müssen meiner Mutter mal das Rezept verraten«, sagte sie deshalb höflich.

Opa Hermann fing an zu kichern und verschluckte sich beinahe. Laura grinste ihn an. Sie verstanden sich auch ohne Worte. Sie war froh, dass es ihm besser ging.

Nach dem Essen verabschiedete sich Frau Peters. »Vielleicht kannst du eine Weile bei ihm bleiben, Laura. Ich komme heute Abend noch mal vorbei.«

Opa Hermann schaute ihr nach.

»Es ist kaum zu glauben, aber sie kann wirklich nett sein. Ich bin ihr sehr dankbar. Wenn sie nur nicht so perfekt wäre. An allem hat sie was rumzumeckern.«

Er bat Laura, von seinem Schreibtisch einen Brief zu holen.

»Er muss unbedingt heute noch zur Post. Könntest du ...?«

Laura kannte sich in der Wohnung gut aus. Sie fand den Brief auch gleich in dem Schuhkarton mit der Aufschrift *Unerledigtes*. Darunter kam ein weiterer Brief zum Vorschein. Laura stutzte, als sie die vertraute Handschrift ihres Klassenlehrers sah.

Was machte ein Brief von Herrn Bennert auf Opa Hermanns Schreibtisch? Der Umschlag war mit dem Schulstempel versehen und an ihre Mutter adressiert. Sie nahm den Brief aus dem Umschlag und las:

Sehr geehrte Frau Gerke,
leider muss ich Ihnen mitteilen, dass Laura in letzter Zeit häufig die Schule schwänzt. Sie kommt außerdem oft zu spät. Insgesamt haben ihre Leistungen wieder sehr nachgelassen. Ich möchte Sie dringend bitten, mich möglichst bald anzurufen.
Mit freundlichen Grüßen
Heinz Bennert

Laura kochte vor Zorn. Wieso ging die Mutter mit diesem Brief zu Opa Hermann? Er wusste zwar von ihren Schulproblemen, aber das mit dem Schwänzen musste er nicht unbedingt wissen. Alte Petze! Richtig peinlich war ihr das vor Opa Hermann, wo sie ihm nach dem letzten Zeugnis versprochen hatte, sich anzustrengen.
»Laura! Hast du den Brief gefunden?«
Sie ging ins Wohnzimmer, beide Briefe in der Hand.
»Wie kommt der Brief hierher?«
Opa Hermann schaute sie erschrocken an.
»O Gott, den Brief hab ich ganz vergessen.«
»Wieso bringt Mutter ihn hierher? Alte Petze! Ich hasse sie!«
Opa Hermann schaute sie an.
»Sie wollte nicht petzen. Vielleicht macht sie sich Sorgen um dich.«
»Pff! Und dann erzählt sie allen Leuten, dass ich schwänze. Warum macht sie nicht gleich einen Anschlag an der Gartenpforte?«
»Laura, bitte. Du tust ihr Unrecht. Sie meint es nur gut mit dir.«
»Na, darauf kann ich verzichten. Sie sollte sich lieber um ihren eigenen Kram kümmern, zum Beispiel weniger trinken.«
Opa Hermann schaute sie erschrocken an.

»Sie trinkt?«

»Manchmal ist sie schon mittags total besoffen. Und dann rastet sie aus und schlägt um sich.«

Opa Hermann sagte eine Weile gar nichts. Dann meinte er schließlich: »Setz dich mal her zu mir, Laura. Ich glaube, ich sollte dir etwas sagen. Deine Mutter braucht Hilfe. Wir sollten zusammen überlegen, wie wir ihr helfen können.«

Laura machte ein abweisendes Gesicht. Eigentlich blieb sie nur, weil sie wegen gestern ein schlechtes Gewissen und es Frau Peters außerdem versprochen hatte.

»Deine Mutter, Laura«, fing Opa Hermann vorsichtig an. »Also deine Mutter, sie hat es in ihrem Leben, früher, als Kind, nicht so einfach gehabt wie du. Sie war die Jüngste von vier Kindern ...«

»Das weiß ich doch längst«, unterbrach Laura ihn genervt.

Opa Hermann seufzte.

»Herrgott noch mal, nun halt mal zwei Minuten den Mund und hör zu. Es ist gar nicht so einfach. Außerdem hab ich deiner Mutter versprochen, niemals mit jemandem darüber zu reden.«

»Dann lass es. Ich hab kein Interesse. Und außerdem muss ich jetzt los.«

»Laura, bitte!«

Die Tür schlug hinter ihr zu.

Zu Hause angekommen holte Laura ihre Reisetasche aus der Abstellkammer und warf eine Hose, T-Shirts und ihre Zahnbürste hinein.

Sie würde einfach ein paar Tage verschwinden, damit die Mutter endlich merkte, dass man so nicht mit ihr umspringen konnte. Außerdem ging sie auf diese Weise dem Ärger aus dem Weg, den es heute Abend bestimmt geben würde, wenn Herr Hinrich, ihr Mathelehrer, anrufen würde. Sie hatte die Unterschrift unter ihrer Mathearbeit total vergessen. Als er danach fragte, war es auch zu spät für eine Fälschung gewesen.

»Ich werde deine Mutter heute Abend anrufen. So geht es nicht weiter mit dir«, hatte er geschimpft. »Wenn du wieder sitzen bleibst, musst du die Schule verlassen. Bist du dir darüber eigentlich nicht im Klaren?«

Mathe lag ihr eben nicht und je mehr sie alle mit ihr schimpften, desto weniger kapierte sie. Die Zweien und Einsen, die die Mutter von ihr erwartete, würde sie sowieso niemals bringen können.

»Es ist nur eine Frage des Wollens!« Der Lieblingsspruch ihrer Mutter. Warum konnte sie nicht verstehen, dass es manchmal nicht am Willen lag?

Sie legte den Brief von Herrn Bennert auf den Tisch im Flur.

Alte Petze! schrieb sie rot quer über den Umschlag. Ihre Mathearbeit legte sie daneben. Ich bin eben nicht so klug wie gewisse andere Menschen.

6

Eine halbe Stunde später klingelte sie bei Chrissie. Der Empfang war allerdings nicht so, wie sie sich ihn vorgestellt hatte. Wie oft hatte Chrissie in den letzten Wochen gesagt: »Wenn du Zoff hast zu Hause, dann hau doch ab. Bei uns ist immer ein Platz für dich.«

Laura klingelte ein zweites Mal. Als nach einer Weile endlich die Tür einen Spalt geöffnet wurde, steckte Chrissie den Kopf heraus, sah Laura mit der Reisetasche und fragte verblüfft: »Du?«

Sie blieb in der Tür stehen, ohne Laura Platz zu machen.
»Willst du bei uns einziehen?«

Das war es genau, was Laura eigentlich vorhatte. Wenigstens für ein paar Tage verschwinden, so wie Chrissie es vorgeschlagen hatte. Aber jetzt klang Chrissies Stimme gar nicht mehr einladend, im Gegenteil eher wie »Sag nicht, du willst bei uns einziehen!?«

»Na, ja ...«, fing Laura an zu stottern. »Also, du hast doch gesagt, wegen Zoff zu Hause ... und da dachte ich ... also ...«

Chrissie wurde sehr verlegen. »Weißt du, komm morgen wieder. Heute passt das nicht. Du verstehst schon ...«

»Chrissie!! Mach schon. Wo bleibst du denn so lange?«

Laura erkannte die Stimme von Peter. Chrissie hob die Schultern.

»Du siehst ja, es passt jetzt nicht. Also dann, bis morgen.«

Die Tür war zu, bevor Laura sich noch verabschieden konnte. Blöde Kuh, dachte Laura. Zum ersten Mal war sie richtig wütend auf Chrissie. Erst macht sie große Sprüche, und dann ...

Am liebsten hätte sie geheult. Da stand sie jetzt auf der Straße mit ihrer Reisetasche und kam sich ausgesprochen blöd vor. Wenn wenigstens Wochenende gewesen wäre. Freitag, Samstag, Sonntag, da war immer was los. In Pit's Schuppen ging jeden Samstag eine Raveparty ab. Und da kannte sie eine Menge Leute.

Sie lief durch die Straßen, bis sie bei Pit's Schuppen angekommen war. So bei Tageslicht sah er von außen baufällig, richtig vergammelt aus, nicht viel anders als die Lagerschuppen ringsherum. Man sah ihm nicht an, was sich dort drinnen am Wochenende abspielte: die Musik, die bunten Laserstrahlen, die Massen verrückt gekleideter Jugendlicher, die irre Stimmung ...

Laura rüttelte an der Tür ... abgeschlossen. Sie ging um den Schuppen herum. An der Seite fand sie ein kleines, halb geöffnetes Fenster. Sie warf ihre Reisetasche hinein und kroch hinterher. Das Fenster war ziemlich eng, so dass sie für einen Augenblick sogar feststeckte. Es ging nicht vorwärts und nicht zurück. Sie zerrte und rutschte hin und her, bis sie schließlich mit einem Ruck frei kam und auf der anderen Seite auf den Boden fiel.

Im Halbdunkeln erkannte sie, dass sie in einem Abstellraum gelandet war. Barhocker mit zerbrochenen Beinen lagen neben Tischen mit zersplitterter Oberfläche, dazwischen zwei riesige Stereoboxen, ein altes Sofa. Sie stolperte über Kabel, etwas raschelte und dann sauste ein schwarzer Schatten an ihr vorbei.

Laura kreischte auf. Es sollte hier Ratten geben. Mit einem Satz war sie bei der Tür und riss sie auf, stolperte in einen noch dunkleren Raum.

Langsam gewöhnten sich ihre Augen an die Dunkelheit. Sie erkannte die Bühne und setzte sich erleichtert auf die unteren Stufen. Es roch nach Bier und kaltem Rauch. So ohne Licht und Musik gefiel es ihr hier gar nicht. Am Tag war Pit's Disco einfach nur ein hässlicher, alter Schuppen.

Sie versteckte ihre Tasche in dem Abstellraum und kroch durch das Fenster ins Freie. So recht wusste sie nicht, wie sie die nächsten Stunden herumbringen sollte. Es war noch nicht einmal sechs Uhr. Am Abend wollte Herr Hinrich anrufen, bestimmt nicht vor sieben Uhr. Und dann würde die Mutter den Abend brauchen, um sich abzureagieren. Wenn sie Pech hatte, rief die Mutter auch noch bei Herrn Bennert an. Vielleicht war es sogar besser so. Dann würde sie alles auf einen Schlag erfahren und Laura brauchte die nächsten Tage keine Angst vor weiteren Anrufen zu haben.

Aber vor morgen früh brauchte sie nicht nach Hause zu

kommen, wenn sie nicht wieder Ohrfeigen riskieren wollte. Hoffentlich hatte die Mutter noch eine gefüllte Kognakflasche im Schrank, dann würde sie bis Mittag schlafen.

Laura kaufte sich eine Kinokarte. Den Film kannte sie zwar schon und normalerweise hätte sie ihn sich nicht ein zweites Mal angeschaut, aber heute lief nichts wie normal und im Kino war es immer noch besser als auf der Straße.

23 Uhr. Ob die Mutter ihr Verschwinden überhaupt bemerkt hatte? Laura kaufte sich von ihrem restlichen Geld an der Imbissbude Pommes mit Majo und trottete zurück zu Pit's Disco. Sie kroch durch das Fenster und machte es sich, so gut es ging, auf dem alten Sofa bequem. Das Licht einer Straßenlaterne schien in den Raum und warf die Schatten der Barhocker und der Lautsprecherboxen an die Wand. Es war unheimlich. Ab und zu raschelte es auf dem Boden. Vor Mäusen hatte Laura keine Angst. Sie fand sie niedlich, jedenfalls bei Tageslicht. Aber besser Mäuse als Ratten. Und besser hier liegen als jetzt zu Hause sein.

Noch besser wäre es aber bei Chrissie gewesen. Ausgerechnet heute, wo sie Chrissie einmal wirklich gebraucht hätte ... Und alles wegen Peter ... Tolle Freundschaft ... Überhaupt, ein toller Tag ... Alle waren gegen sie ... sogar Opa Hermann ...

Es dauerte lange, bis Laura einschlief, und noch länger, bis sie am nächsten Morgen wieder aufgewacht war. Sie wurde wach, als in der Halle Stimmen ertönten. Durch die offene Tür beobachtete sie, wie zwei Männer Kisten mit Getränken in die Küche hinter der Bar fuhren. Vorbereitungen für die nächste Party. Erschrocken packte sie ihre Reisetasche und verschwand durch das Fenster.

Sie hatte gehofft, dass ihre Mutter nicht da war, aber schon als sie die Haustür öffnete, hörte sie ihre Stimme.

Sie unterhielt sich ausgerechnet mit Frau Peters, deren schrille, empörte Stimme durch den Flur schallte.

»Und wie sie aussah! Grüne Haare mit roten Strähnen. Also, wenn das meine Tochter wäre ...«

»Ist sie aber nicht, Frau Peters. Solange es nur die Haare sind. Laura ist eigentlich ganz in Ordnung. Ein bisschen flippig waren wir doch alle mit fünfzehn. Oder?«

Laura konnte das empörte Gesicht von Frau Peters vor sich sehen, als sie pikiert antwortete: »Flippig. Ich war in meinem ganzen Leben nicht ... flippig! Ich bin niemals mit roten Haaren herumgelaufen. Meine Eltern hätten das auch gar nicht geduldet. Und wenn ich eine Tochter hätte, würde ich das auch nicht tun.«

»Das können wir ja nun leider nicht nachprüfen«, meinte Lauras Mutter. »Und jetzt entschuldigen Sie mich bitte. Ich muss noch arbeiten.«

Laura ging die Treppe hinauf, mit einem freundlichen Gruß an Frau Peters vorbei, die noch immer dastand und mit offenem Mund auf die verschlossene Wohnungstür starrte, hinter der Lauras Mutter verschwunden war.

Als Laura in die Wohnung kam, stand die Mutter in der Küche und kochte.

Sie schaute Laura an, holte tief Luft, sagte aber kein Wort. Sie stellte einen zweiten Teller auf den Tisch und begann die Suppe einzufüllen. Wenn die Suppe nicht so gut geduftet und wenn Lauras Magen nicht so sehr geknurrt hätte, wäre sie sofort in ihr Zimmer gegangen.

Die Mutter war ihr unheimlich. Sie hatte geweint, das sah man. Ihre Augen waren ganz rot. Warum sagte sie denn nichts?

Nun schimpf doch! dachte Laura. Ich war die ganze Nacht weg. Und dann der Anruf von Herrn Hinrich. Na los, nun fang endlich an. Dann hab ich's wenigstens hinter mir.

Endlich sagte die Mutter leise:
»Laura, hör mal, es ist nicht so, wie du denkst. Mit dem Brief. Es hat nichts mit Petzen zu tun. Es ist nur so ... Ich ...«

Der Brief. Das war das falsche Thema. Da fühlte Laura sich im Recht. »Ach«, machte sie nur und sah die Mutter wütend an. »Womit hat es dann zu tun, wenn ich einen Brief von dem Bennert über mich bei Opa Hermann finde? Hast du ihn da vielleicht nur aus Versehen vergessen?«

Die Mutter schwieg. Dann meinte sie leise: »Nein, vergessen nicht. Ich hab ihn Opa Hermann gezeigt, weil ...«

»Weil du mal wieder sauer über meine schulischen Leistungen warst und mit jemandem darüber reden musstest. Es geht aber keinen was an. Mit wem hast du denn noch geredet? Mit Frau Peters vielleicht? Und wegen der Fünf in Mathe brauchst du gar nicht erst zu schimpfen.«

Als die Mutter den Mund aufmachte, fiel Laura das Zauberwort wieder ein. »Der Apfel fällt nicht weit vom Stamm, wie Vati immer so schön sagt.«

Dass dieser Spruch tatsächlich wirken würde, hatte sie zwar gehofft, aber was passierte, übertraf alle Erwartungen. Die Mutter wurde kreidebleich, zitterte am ganzen Körper und ließ den Schöpflöffel fallen. Die Tomatensuppe spritzte über den Boden. Die Mutter sah Laura entsetzt an und lief aus der Küche.

Laura schaute ihr etwas hilflos nach. Die Wirkung des Zauberwortes war stärker als erhofft, aber so richtig freuen konnte sie sich nicht darüber.

Sie nahm einen Lappen und wischte die Tomatensuppe auf. Dann setzte sie sich an den Tisch und wartete. Schließlich ging sie ins Schlafzimmer, wo die Mutter auf ihrem Bett lag und weinte. Laura betrachtete sie.

»Nicht weinen! Das hab ich nicht gewollt«, sagte sie leise. »Ich weiß nicht mal, was das bedeuten soll. Mit dem Apfel und dem Stamm. Ich hab's doch nur gesagt, weil Vati es vor ein paar Wochen gesagt hat, und danach hast du nicht mehr über meine Noten geschimpft.«

Mutter hob mit einem Ruck ihren Kopf und schaute sie unsicher an. »Und was wollte er damit sagen?«

Laura schüttelte den Kopf. »Keine Ahnung! Ich weiß nur, dass es gewirkt hat. Ich muss jetzt auch gehen. Zur vierten Stunde schaff ich es noch.«

Sie hatte eigentlich nicht vorgehabt, zur Schule zu gehen, aber lieber in der Schule als hier bei der Mutter.

7

Die vierte Stunde hatte schon begonnen, als Laura eintraf. Herr Bennert sah auf seine Uhr, schüttelte den Kopf und trug ihren Namen ins Klassenbuch ein.

»Weißt du eigentlich, dass du in den letzten Wochen an keinem Tag pünktlich warst? Du solltest dir zu Weihnachten einen Wecker schenken lassen. Ich versteh dich einfach nicht. Wenn du dieses Schuljahr wieder nicht schaffst, dann musst du die Schule ohne Abschluss verlassen. Was soll bloß aus dir werden?«

»Sie geht zur Müllabfuhr«, rief Anton.

Alle lachten. Laura tat so, als hätte sie die Bemerkung gar nicht gehört. Es war nicht das erste Mal, dass sich die Mitschüler auf ihre Kosten amüsierten. Sie hasste sie alle. Nach außen hin tat sie immer ganz cool, obwohl sie am liebsten geheult hätte.

Die Klasse war dabei, die gemeinsame Fahrt nach Berlin

zu planen. Laura hatte keine große Lust mitzufahren. Sie war ja erst seit zwei Monaten in dieser Klasse, ungern, sozusagen zwangsweise, weil sie die Versetzung nicht geschafft hatte.

Sie mochte ihre neuen Klassenkameraden nicht, sie waren ihr zu kindisch, schwärmten für die Kelly Family und tauschten in jeder Pause Bildchen von Angelo und Paddy und wie sie alle hießen. Wirklich zu albern.

In den Pausen war Laura daher immer bei ihrer alten Clique zu finden. Da sie keinen Versuch machte, Kontakt aufzunehmen, ließ man sie in ihrer neuen Klasse links liegen, was Laura ganz recht war. Sie wusste, dass man sie für hochnäsig und zickig hielt. Aber das war ihr ziemlich egal. Sie mochte ja auch keinen von ihnen besonders.

Herr Bennert, der Klassenlehrer, hatte gerade eine Liste herumgegeben, in die man eintragen konnte, mit wem man in einem Zimmer zusammen sein wollte und welche Ausflüge unternommen werden sollten.

Laura schrieb überall egal hin. Es war ihr tatsächlich egal, was für Ausflüge sie machten, egal, ob die Klassenfahrt überhaupt stattfand oder nicht, egal, was die anderen von ihr dachten.

Nachdem sie überall egal hingeschrieben und das letzte Egal noch mit einem Männchen verziert hatte, reichte sie die Liste nach hinten zu Markus weiter. Kurz bevor er zugriff, ließ sie die Liste los. Sie flatterte unter den Tisch.

Als Markus sie wütend anschaute, zuckte sie mit den Schultern.

»Leg mal den zweiten Gang rein. Seit wann bist du so eine lahme Ente?«

Dann drehte sie sich um, holte ihren Spiegel aus der Tasche und betrachtete die kleine rote Stelle, die sich seit heute Morgen auf ihrer Nase gebildet hatte. Ein Pickel im Anmarsch!

Hinter sich hörte sie Markus tief Luft holen. Er hatte offensichtlich ihre Egals gelesen und stand kurz vor dem Ausflippen. Laura musste grinsen. Wenn Markus seine Wutanfälle bekam, wurde es immer interessant.

»Wenn dir das alles so egal ist, dann bleib doch hier!«, schrie er da auch schon und warf ihr die Liste an den Kopf.

Laura drehte sich zu ihm um.

»Genau das hab ich auch vor. Glaubst du, ich hab Bock auf eure blöde Fahrt?«, sagte sie betont cool und betrachtete Markus grinsend, wie er nach einem Wurfgeschoss Ausschau hielt.

Markus war einer von den ganz Engagierten, von denen, die die Lehrer so gerne mochten. Lehrers Lieblingsjunge, dachte Laura verächtlich.

Herr Bennert kam erschrocken angelaufen, um Markus zu beruhigen. Er meinte, dass Laura nicht wissen konnte, wie sehr sich die Klasse seit einem Jahr auf diese Reise gefreut habe. Für einige, die mit ihren Eltern noch nie verreist waren, war es der erste Urlaub. Sie hatten sich durch Brötchenverkauf in der Pause und einen Buchflohmarkt Geld verdient, damit auch alle an der Fahrt teilnehmen konnten.

»Aber das kann Laura ja nicht ahnen. Sonst hätte sie sicher mehr Interesse gezeigt, nicht wahr, Laura?«

Laura gab keine Antwort.

Du redest dir einen schönen Scheiß zurecht, dachte sie verächtlich. Die blöde Klassenfahrt könnt ihr euch sonst wo hinstecken.

Es war Markus, der wütend an ihrer Stelle antwortete.

»Laura interessiert sich nur für ihre Fingernägel.«

»Und für ihre Pickel«, rief Lars.

Wieder lachten alle. Diesmal gelang es Laura nicht, cool zu bleiben. Sie bekam einen knallroten Kopf.

Bei der anschließenden Gruppenarbeit zum Thema *Berlin ist eine Reise wert!* feilte Laura gelangweilt an ihren Fingernägeln. Dann zog sie wieder ihren Spiegel aus ihrer Tasche und betrachtete stirnrunzelnd den kleinen Pickel auf ihrer Nase. Hoffentlich bekam sie den bis zum Wochenende weg. Plötzlich sah sie im Spiegel Markus' Gesicht, der ihr die Zunge herausstreckte. Hastig steckte sie den Spiegel in ihre Tasche zurück.

Die anderen hatten die Tische zusammengestellt, um besser arbeiten zu können. Laura hatte sich keiner Gruppe angeschlossen und natürlich hatte sie niemand gefragt. Da Gruppenarbeit zu Herrn Bennerts Lieblingsunterrichtsmethoden gehörte, die er bei jedem nur möglichen Thema einsetzte, hatten sich in der Klasse feste Gruppen gebildet, Schüler, die immer zusammenarbeiteten.

Laura gehörte zu keiner Gruppe, was Herr Bennert mit wachsender Unruhe beobachtete. Schließlich kam er zu ihr und meinte ein wenig verärgert:

»So geht das aber wirklich nicht, Laura. Kein Wunder, wenn du keinen Kontakt bekommst. Du bemühst dich ja auch überhaupt nicht.«

Laura schaute ihn gelangweilt an. »Wer sagt denn, dass ich mit denen Kontakt haben will? Ich brauch die nicht. Ich komm alleine klar.« Sie feilte an ihrem Daumennagel mit Schwung weiter.

Herr Bennert war fassungslos. Er machte den Mund auf und wieder zu, wusste aber offensichtlich nicht so recht, was er darauf antworten sollte. Kopfschüttelnd setzte er sich wieder an sein Pult und betrachtete Laura wie ein seltsames Tier. Schon zwei Minuten später sprang er plötzlich wieder auf.

Aus den Augenwinkeln beobachtete Laura, wie Herr Bennert zu Sarah, Andrea und Nicole ging und mit ihnen sprach. Alle drei schauten zu ihr herüber. Sarah schüttelte den Kopf, Andrea protestierte heftig. Nur Nicole stand schließlich zögernd auf und kam zu ihr.

»Du kannst bei uns mitmachen«, sagte sie leise. Man konnte ihr ansehen, wie schwer ihr diese Worte fielen. »Wir brauchen noch jemanden.«

Laura hätte ihr am liebsten ins Gesicht gespuckt. Das war eine glatte Lüge. Niemand brauchte sie in dieser Klasse, so wie sie niemanden brauchte. Herr Bennert sah sie aufmunternd an.

»Los, Laura. Du kannst doch nicht die ganze Stunde herumhängen, während alle anderen arbeiten.«

Hatte der eine Ahnung, was sie alles konnte. Den ganzen Tag hätte sie rumhängen können, ohne dass es ihr was ausgemacht hätte.

Im Zeitlupentempo nahm sie ihren Stuhl und stellte ihn an den Tisch neben Nicole. Dann lehnte sie sich zurück und sah ihnen bei der Arbeit zu. Mit Nicole, Andrea und Sarah, ausgerechnet mit den größten Strebern der Klasse, sollte sie zusammenarbeiten. Die bekamen doch schon einen Weinkrampf, wenn sie eine Drei auf eine Arbeit hatten.

Sarah war besonders schlimm. Ihre Mappen und Hefte wurden der ganzen Klasse immer wieder als leuchtendes Beispiel für Ordnung und Sauberkeit vorgehalten. Ihre Mutter war zu allem Überfluss auch noch Lehrerin und Sarah brachte oft Bücher und Zeitungsartikel von ihr mit und »bereicherte« damit nach Herrn Bennerts Meinung den Unterricht.

Einen Vorteil hatte die Arbeit mit den drei Strebern wenigstens: Eine gute Note für die Gruppenarbeit hatte sie schon sicher, ohne sich anstrengen zu müssen.

Gelangweilt schaute sie sich in der Klasse um. Alle schienen mit Begeisterung bei der Sache zu sein. Da wurde diskutiert, geschrieben, ausgeschnitten und geklebt. Jede

Gruppe sollte eine Collage herstellen, mit dem, was in Berlin sehenswert war: Brandenburger Tor, Alexanderplatz, Dom, Reichstag. Laura taten jetzt schon die Füße weh, wenn sie an die Besichtigungen dachte, die auf sie zukamen. Vielleicht sollte sie krank werden. Dann konnte sie es sich zu Hause gemütlich machen. Eine Woche Sonderferien, während die anderen sich Blasen holten und hinterher sicher einen Aufsatz schreiben mussten.

Auf einmal schaute sie direkt in die Augen von Markus, der sie beobachtete. Er war noch wütend, das sah man. Seine Augen funkelten sie an. Hatte er immer so schwarze Augen oder waren sie nur so dunkel vor Zorn?

Er ist eigentlich viel zu hübsch für einen Jungen, überlegte Laura.

Dunkle Locken, die ihm bis auf die Schultern gingen, seine Haut war leicht braun, ohne jeden Pickel, wie sie neidisch feststellen musste.

Um ihn zu ärgern, holte sie ihre Feile wieder aus der Tasche und beschäftigte sich mit ihren Fingernägeln. Zwischendurch schaute sie zu ihm hin. Aber Markus beachtete sie nicht mehr.

So langsam wurde es Laura dann doch langweilig. An ihren Nägeln gab es nichts mehr zu feilen, den Pickel konnte sie auch erst zu Hause weiterbehandeln. Sie war richtig froh, als Andrea ihr einen Prospekt zuschob.

»Schau mal nach, ob du was über den Dom findest. Uns fehlt noch ein Bild für die Collage.«

Laura seufzte und nahm den Prospekt. Langsam blätterte sie darin herum. Sie sollten bloß nicht denken, es würde sie interessieren. Sarah beobachtete sie einen Moment. Dann riss sie ihr das Papier aus der Hand.

»Hey, spinnst du?«, schrie Laura wütend.

»Kümmer dich lieber um deine Fingernägel. Da scheinst du echt Ahnung zu haben«, schrie Sarah zurück.

»Glaubst du, ich lass mir die Note versauen, nur weil du null Bock hast?«

»Streberin! Streberin!«

Laura packte ihren Stuhl und ging auf ihren alten Platz zurück. Sollten die doch ihren Kram alleine machen! In der Eile fiel ihr die Feile aus der Hand. Ausgerechnet Markus stand auf und brachte sie ihr.

»Du hast dein Handwerkszeug verloren«, sagte er mit Absicht so laut, dass es die ganze Klasse hören musste. Alle lachten, am lautesten Sarah.

»Gib's der alten Schlampe!«, rief sie Markus zu.

»Kinder, Kinder!« Herr Bennert stand etwas hilflos in dem ganzen Durcheinander.

Laura hasste sie alle. Während die anderen weiterarbeiteten, saß sie an ihrem Platz und malte Gesichter auf ihr Matheheft. Hässliche, grinsende Fratzen, die bei genauem Hinschauen alle Sarah ähnlich sahen. Herr Bennert warf ihr sorgenvolle Blicke zu, ließ sie aber in Frieden.

Laura war froh, als es endlich zum Stundenende gongte. Während die anderen schubsend und kichernd auf den Schulhof zogen, wurde sie noch einmal zurückgerufen. Herr Bennert wartete, bis alle den Klassenraum verlassen hatten. Dann hielt er ihr einen Vortrag, dass es so nicht weiterginge.

»Alle bemühen sich um dich, aber du blockst alles ab«, schloss er verärgert. «Gib dir doch auch ein bisschen Mühe, Laura. Ich weiß, du kannst ein ganz nettes Mädchen sein. Nun zeig es auch ein wenig.«

Damit entließ er sie und das war auch ganz gut so, denn Laura stand kurz vor dem Platzen. Sie konnte es nicht leiden, wenn Erwachsene so dumm daherlaberten. Sie wusste selber, dass sie im Moment nicht gerade ihre freundlichste Phase hatte, aber das Letzte, was sie zur Zeit sein wollte, war ein »nettes Mädchen«.

Alles ödete sie an. Die Schule, die Mutter, einfach alles. Was zählte, waren allein die Wochenenden in der Disco und Chrissie und ausgerechnet die hatte sie auch noch hängen lassen. Ein Grund mehr, dass ihr alles zum Halse raushing.

»Komm morgen wieder.« Da kann sie lange drauf warten. Ich brauch keine Chrissie, ich brauch niemanden.

8

Zwei Tage später sah die Sache schon ganz anders aus. Nicht etwa, weil Laura auf einmal ihre Vorliebe für Herrn Bennerts Besichtigungsprogramm entdeckt hatte, sondern weil sie mittags auf dem Weg nach Hause an der Bushaltestelle zufällig ein Plakat gesehen hatte.

Es hing an der Säule neben der Post, ein riesiges Plakat.

Mayday! 16 DJs, 8 Live-Acts
stand dort in großen grellen Buchstaben.
Berlin 5.–6. Oktober. 48-Stunden Non-Stop-Party.
The raving society. In der Deutschlandhalle.

Aufgeregt öffnete Laura ihre Schultasche. Wo war bloß der blöde Elternbrief, den Herr Bennert schon letzte Woche ausgeteilt und den sie mit Absicht zu Hause noch nicht abgegeben hatte? Eigentlich war heute Morgen die Abgabefrist abgelaufen.

»Ich geb dir eine letzte Chance bis morgen«, hatte Herr Bennert am Morgen verärgert gerufen. »Wenn der Brief bis morgen nicht da ist, bleibst du hier und kannst in der Parallelklasse am Unterricht teilnehmen.«

Bücher, Schreibmappe, Hefte rollten auf die Straße.

Endlich hatte sie ihn gefunden. Zerknüllt lag er ganz unten in einer Ecke.

Liebe Eltern!
Nun ist es so weit. Unsere lang geplante Berlinfahrt beginnt am Donnerstag, 4. Oktober, um 8 Uhr vor der Schule. Rückkehr am 10. Oktober gegen 18 Uhr

Mann, das war genau das Wochenende! Wahnsinn, wenn sie zu der Raveparty gehen könnte. Was heißt, »wenn«? dachte sie. Ich gehe.

Und wenn sie erwischt würde? Herr Bennert hatte angedroht, jeden nach Hause zu schicken, der sich nicht an die Spielregeln hielt. Egal. Was nach der Party passierte, war Laura egal. Sollte er sie nach Hause schicken. Hauptsache, sie war dabei gewesen.

16 DJs. Wow!

Als sie zu Hause ankam, hatte sie den Streit mit der Mutter für kurze Zeit vergessen. Sie tanzte in Gedanken schon in der Deutschlandhalle in Berlin. Auch die Mutter war offensichtlich froh, dass Laura so fröhlich nach Hause kam.

»Wir fahren nach Berlin. Mit der ganzen Klasse«, rief Laura und reichte der Mutter den Brief. »Ich brauch mal zehn Mark für einen Stadtplan. Herr Bennert sagt, es wäre gut, wenn jeder einen Plan hat. Mit U-Bahn und Busfahrplänen. Falls man die Gruppe verliert.«

»Wieso verlieren?« Die Mutter machte ein ängstliches Gesicht. »Kind, Berlin. Hast du überhaupt eine Vorstellung, wie groß diese Stadt ist. Das darf einfach nicht passieren! Du allein in der großen Stadt. Euer Lehrer wird euch doch nicht etwa alleine herumlaufen lassen?«, rief sie aufgeregt.

Mütter! dachte Laura und zog genervt die Luft ein.

»Was soll mir schon passieren? Ich kann ja schließlich lesen!«

Das Gesicht der Mutter verfärbte sich rot. Laura trat erschrocken einen Schritt zurück.

»Was hab ich denn jetzt schon wieder Falsches gesagt?«

Die Mutter warf ihr einen unsicheren Blick zu. »Nichts«, sagte sie. »Es hat nichts mit dir zu tun. Du kannst dir das Geld aus der Küche holen.«

Jetzt bekam Laura einen roten Kopf. Im Küchenschrank war kein Geld mehr. Den Rest hatte sie neulich für Ecstasy ausgegeben. Damit die Mutter nichts merkte, ging sie trotzdem in die Küche an den Schrank. Geräuschvoll kramte sie in der Keksdose.

»Alles klar. Es sind genau zehn Mark!«, rief sie.

So ein Ärger. Den Plan würde sie sich in der Bücherhalle ausleihen müssen. Schließlich musste sie den Weg von der Jugendherberge zur Deutschlandhalle schon vorher genau studieren, die S-Bahn- und Busverbindungen. Wer weiß, wann sie sich an dem Samstagabend davonschleichen konnte.

Je näher die Abreise heranrückte, desto aufgeregter wurde Laura. Die Partys in Pit's Disco waren echt cool, aber im Vergleich zu dem, was in Berlin abgehen würde, wie ein Kindergartenfest. Sogar Chrissie war neidisch und wäre am liebsten auch hingefahren. Eigentlich hatte Laura mit Chrissie nicht mehr sprechen wollen, aber das mit der Party hatte sie ihr unbedingt mitteilen müssen.

Es tat ihr so richtig gut, als Chrissie neidisch sagte: »Sechzehn DJs, Mann, wenn ich da mitfahren könnte!«

Auch zu Hause hatte sie friedliche Tage. Das lag zum Teil daran, dass Laura beschlossen hatte, der Mutter keine Arbeit mehr vorzulegen, sondern zu warten, bis der Vater nach Hause kam. Sonst ging sie der Mutter nach Möglichkeit aus dem Weg. Sie lebten nebeneinander her und redeten nur das Nötigste miteinander. Ihre Mutter hatte zwar ein, zwei Versuche gemacht, sich auszusöhnen, aber Laura hatte sofort abgeblockt.

Sie nahm es ihr immer noch übel, sie bei Opa Hermann bloßgestellt zu haben. Und sie glaubte ihr nicht, dass sie den Brief nicht noch weiter herumgezeigt hatte. Wenn die Mutter da war, nahm Laura ihr Essen mit aufs Zimmer. Das wäre vor dem Streit undenkbar gewesen.

»Gegessen wird in der Küche!«, hieß es seit jeher. Aber seit neuestem machte die Mutter nur noch selten einen Versuch, Laura etwas zu verbieten. Laura kam und ging, wie es ihr passte. Sie aß, wann sie Lust hatte.

So dauerte es eine ganze Weile, bis Laura bemerkte, dass sich auch die Mutter verändert hatte. Statt bis Mittag im Bett zu liegen, stand sie jetzt jeden Morgen mit Laura auf und verließ die Wohnung mit ihr zusammen. Einmal war Laura ihr nachgegangen. Die Mutter war zur S-Bahn gelaufen und in eine Bahn Richtung Innenstadt gestiegen.

Zurück kam sie erst gegen 15 Uhr, oft noch später, weil sie noch einkaufen gegangen war. Abends kochte sie für den nächsten Tag vor und manchmal ging sie dann sogar noch weg.

Laura hatte sich früher oft gewünscht, dass die Mutter nicht immer nur zu Hause hockte und viel zu viel Zeit hatte, sich um Lauras Angelegenheiten zu kümmern. Aber das ging jetzt doch zu weit, vor allem weil sie auf Lauras Fragen Antworten gab, die Laura gleich als faule Ausrede entlarvte. Sie hatte die Mutter im Verdacht, sich heimlich mit einem Freund zu treffen. Einen Beweis hatte Laura zwar noch nicht, so sehr sie der Mutter auch hinterherspionierte. Aber was für einen Grund sollte es sonst geben, dass sie abends ausging, ohne Laura genau zu sagen, wohin oder mit wem? Wenn die Mutter zurückkam, sang sie meist vor sich hin, was Laura natürlich noch misstrauischer machte.

War sie abends zu Hause, saß sie auch nicht mehr vor dem Fernseher und trank. Sie verschwand im Schlafzimmer, in das sie sich einen alten Tisch und einen Stuhl gestellt hatte.

Was sie dort machte, konnte Laura nicht herausbekommen. Die Tür war immer verschlossen. Geheimnisse wie vor Weihnachten, dachte Laura ärgerlich. Sie hatte einige Male versucht, durchs Schlüsselloch zu gucken, aber das hatte sie auch nicht viel weiter gebracht.

Die Mutter saß am Tisch und schrieb langsam in ein Heft, manchmal murmelte sie vor sich hin. Mutter ist unter die Schriftsteller gegangen, dachte Laura. Na ja, jedenfalls war es insgesamt besser, als wenn sie jeden Abend besoffen wäre. So friedlich wie in den letzten Tagen war es schon lange nicht mehr zugegangen.

Selbst als der Vater am Wochenende überraschend kam, blieb es so. Zum ersten Mal seit Monaten redete er den ganzen Abend friedlich und ohne Streit mit der Mutter. Sie gingen sogar gemeinsam essen und kamen fröhlich lachend Hand in Hand wieder. Laura war nicht eingeladen, was sie ihnen sehr übel nahm. Sie stand mal wieder draußen.

Andererseits fand sie es angenehm, dass der Vater da war, ohne dass Türen knallten und alle sich anschrien. Die Mutter hatte ihm wohl nichts von dem Brief aus der Schule erzählt. Auch gut, sonst hätte er ihr noch Vorwürfe gemacht und das friedliche Wochenende wäre beim Teufel gewesen.

Am Sonntagabend, bevor er abfuhr, drückte er ihr hundert Mark in die Hand. »Amüsier dich auf der Klassenfahrt!«, meinte er.

Laura wusste genau, warum er so spendabel war. Er

hatte ein schlechtes Gewissen, weil er sich so wenig um sie kümmerte. Aber egal. Hundert Mäuse haben oder nicht. Das würde für die Eintrittskarte der Raveparty und einiges mehr reichen.

9

Bettwäsche, Schwimmzeug, Hose, T-Shirt. Laura stand vor dem Berg an Kleidung und fragte sich, wie sie das alles in einer Reisetasche unterbringen sollte. Herr Bennert hatte extra darauf hingewiesen, dass nur eine Tasche oder ein Koffer pro Schüler mitgenommen werden sollte.

»Willst du ausziehen?«, fragte die Mutter. »Du kannst doch nicht für fünf Tage so viel Zeug mitnehmen.« Sie fischte aus dem Haufen den schwarzen Lederrock heraus. Mit spitzen Fingern hob sie ihn hoch. »Willst du diesen Fummel etwa auch mitnehmen?«

Laura riss ihn ihr aus der Hand.

»Du hast ja keine Ahnung! Das brauch ich für die Disco.«

»Du glaubst doch nicht, dass Herr Bennert mit der ganzen Horde in die Disco geht«, meinte die Mutter.

»Er hat's versprochen.«

Besser gesagt, sie hatten ihn überredet, einmal wenigstens, am letzten Abend, in die Disco zu gehen. Wobei Laura sich wieder mal nicht beteiligt hatte. Die Disco war ihr ziemlich egal. Sie hatte ja ganz andere Pläne.

»Wann müsst ihr da sein?«

»Du brauchst mich nicht zu bringen. Ich bin schließlich kein Baby mehr.«

»Sarah wird auch gebracht.«

»Wer sagt das denn?«
»Sarahs Mutter.«
»Seit wann kennst du die denn?«
Lauras Mutter wurde rot. Verlegen stotterte sie:
»Na ja ... also, ich hab sie mal getroffen ...«
»Kein Grund, rot zu werden«, meinte Laura ironisch und ging vorsichtshalber einen Schritt zurück. »Schließlich war es Sarahs Mutter und nicht ihr Vater.«
Die Mutter schloss die Augen und holte tief Luft. Für einen Moment sah es so aus, als wollte sie den Arm heben. Laura duckte sich. Dann sagte die Mutter ruhig:
»Jedenfalls bringt sie Sarah mit dem Auto.«
»Ja, mit dem Auto.« Lauras Stimme klang vorwurfsvoll. »Das ist auch was anderes. Da spart sich Sarah das Schleppen. Wenn du wenigstens fahren könntest. Vati lässt sein Auto doch immer hier. Warum kannst du eigentlich nicht fahren?«
»Weil, weil ... es ist doch nicht nötig. Ich brauche es eigentlich nicht. Fahrradfahren ist viel gesünder.«
»Ach! Und wer hat beim Getränkeschleppen letzte Woche gejammert? Du hast doch jedes Mal Rückenschmerzen, wenn wir die Kisten mit dem Fahrrad holen. Warum machst du den Führerschein nicht jetzt noch?«
»Hast du eine Ahnung, wie teuer Fahrstunden sind?«
»Dann musst du eben arbeiten gehen. Sarahs Mutter hat auch wieder angefangen. Sie leitet so 'nen Kurs für Doofe, die nicht lesen und schreiben können.«
Lauras Stimme ließ Verachtung erkennen.
Diesmal hatte sie nicht damit gerechnet, als die Mutter ausholte, ihr eine Ohrfeige gab und mit hochrotem Kopf schrie: »Nicht jeder hat die Chance, das in der Schule zu lernen.«
Die Tür knallte zu. Laura stand für einen Moment wie betäubt da, dann rannte sie hinter der Mutter her. Sie fand

sie im Wohnzimmer, wo sie einen großen Schluck aus der Kognakflasche nahm.

»Ausgerechnet du sagst so was!«, schrie Laura. »Wieso hast du Mitleid mit solchen Typen? Mich schlägst du, wenn ich 'ne Fünf in Mathe oder Englisch schreibe. Aber ich kann wenigstens lesen. Das lernt doch jeder, wenn er nicht ganz bekloppt im Kopf ist!«

Statt einer Antwort nahm die Mutter noch einen Schluck aus der Flasche.

»Säuferin!«, schrie Laura und knallte die Wohnzimmertür zu.

Am nächsten Morgen machte die Mutter keinen Versuch mehr, sie zur Schule zu bringen. Im Gegenteil, sie schlief noch, als Laura aufstand. Im Wohnzimmer stand die leere Kognakflasche.

Wieder total besoffen! dachte Laura verächtlich.

Sie machte sich Toast und Kakao und schnappte sich ihre Reisetasche. Sie schleppte sie durch die Straßen und hatte Glück, dass Emel, die im Auto ihres Vaters saß, anhalten ließ und Laura im Auto mitnahm.

Der Bus stand schon auf dem Parkplatz vor der Schule. Davor ein Gewimmel von aufgeregten Schülern und Eltern, die sich voneinander verabschiedeten. Laura gab ihre Tasche dem Busfahrer und stieg ein.

Natürlich waren die besten Plätze hinten schon belegt. Sie setzte sich auf einen Fensterplatz in der Mitte und beobachtete, wie Herr Bennert seine Schüler zum Einsteigen drängte. Kurz vor der Abfahrt sah Laura plötzlich ihre Mutter, die mit dem Fahrrad um die Ecke flitzte. Sie blickte sich suchend um. Laura duckte sich auf ihrem Platz.

»Laura, deine Mutter!«

»Alles einsteigen, Leute! Wir wollen endlich los.«

Herr Bennert scheuchte die Schüler in den Bus. Laura sah, wie ihre Mutter Markus, der als Letzter einstieg, etwas in die Hand drückte. Im Bus ging er suchend durch die Reihen, grinste, als er Laura sah, die sich noch immer versteckt hielt, und setzte sich auf den freien Platz neben ihr.

»Schon besetzt?«

Er wartete keine Antwort ab. Wer saß schon gerne neben Laura?

»Von deiner Mutter.« Er legte ihr das Paket auf die Knie. »Mach auf!«

»Du bist gar nicht neugierig, was?« Laura sah ihn verärgert an. Markus grinste. »Doch, bin ich. Schon immer gewesen. Dagegen kann man nix machen. Familienkrankheit.«

Laura sah auf das Paket. Wahrscheinlich Kekse, weil ihre Mutter Angst hatte, sie würde von dem Jugendherbergsessen nicht satt werden. Richtig peinlich war ihr das vor den anderen.

»Mach's nicht so spannend. Soll ich dir helfen?«

Laura betrachtete ihn misstrauisch. Ausgerechnet Markus setzte sich neben sie. Wer weiß, was der vorhatte. Wahrscheinlich wollte er sie mal wieder vor der ganzen Klasse lächerlich machen.

»Willst du hier die ganze Zeit sitzen bleiben?«

»Mal sehn. Kommt drauf an, was in dem Paket ist.«

Er würde nicht eher gehen, bis sie das Päckchen geöffnet hatte, das war klar. Laura verdrehte die Augen und fing an, die Schleife aufzumachen. Warum die Mutter die Kekse bloß so vornehm eingepackt hatte!

»Wow! Der ist aber stark!«

Ein neuer Walkman. Ihr alter hatte vor zwei Tagen den Geist aufgegeben. Sie hatte sich furchtbar aufgeregt, weil sie alle ihre Kassetten schon eingepackt hatte. Fünf ihrer

Lieblingskassetten hatte die Mutter mit in das Paket gelegt.

»Deine Mutter ist echt stark. Meine wäre wegen der Kassetten gar nicht erst angerückt. Die wäre froh, wenn ich mal ohne Stöpsel im Ohr losfahre.«

»Na ja«, brummte Laura widerwillig. »Manchmal ist sie schon okay. Aber die kann auch anders.« Sie sauste mit der Hand haarscharf an Markus Ohr vorbei. Markus duckte sich instinktiv.

»Kenn ich! Mein Vater ist genauso. Ich hab ihm gesagt, dass das Schlagen von Kindern verboten ist, aber der kennt das nicht anders. In der Türkei darf der Vater seine Kinder schlagen, sagt er jedenfalls ... Leg mal die hier von RMB ein.«

Er hielt Laura eine Kassette hin. Ein Kopfhörer steckte in ihrem, einer in seinem Ohr. Sie spielten erst Lauras Kassetten, dann holte Markus seine aus dem Rucksack. Nie hätte Laura gedacht, dass sie sich ausgerechnet mit Markus so gut verstehen würde.

»Hey, ihr Turteltauben! Es ist Pause! Ding-dong! Aussteigen!«

Herr Bennert stand vor ihnen und schwenkte seinen Frühstücksbeutel. Laura fuhr hoch. Sie hatte nicht bemerkt, dass sie von der Autobahn abgefahren waren und an einer Raststätte anhielten.

Sie stieg aus und besorgte sich in der Gaststätte belegte Brötchen und eine Cola. Markus war nirgends zu sehen. Schließlich fand sie ihn auf der Bank neben dem Bus, wo er mit zwei Freunden Skat spielte.

Er sah kurz auf, als sie kam.

»Spielst du vielleicht Doppelkopf? Uns fehlt noch 'n vierter Mann.«

»Oder 'ne Frau«, ergänzte Paul.

Laura schüttelte den Kopf. Sie konnte weder Skat noch

Doppelkopf. Leider. Ihr Vater hatte ihr das Skatspielen schon öfter beibringen wollen, damit sie zu dritt spielen konnten, aber sie hatte kein Interesse gehabt, was sie in diesem Moment zum ersten Mal bedauerte.

Markus setzte sich auch nicht wieder zu ihr, als der Bus weiterfuhr, sondern spielte weiter mit seinen Freunden.

Auf ihrem Platz fand sie einen Zettel mit einem riesigen roten Herzen. LAURA + MARKUS stand in großen schwarzen Buchstaben darauf. Wütend schaute sie sich um, aber keiner schien sie zu bemerken. Nur Markus winkte ihr zu.

Von ihm stammte der Zettel aber bestimmt nicht. Da war Laura ganz sicher. Schon eher von Sarah oder Nicole. Sie zerriss ihn in winzige Stücke und stopfte ihn in den Papierkorb.

Eine Weile saß sie dann auf ihrem Platz, schaute aus dem Fenster und wartete. Aber er kam nicht. Zweimal schaute sie sich um. Er spielte und lachte und dachte offensichtlich nicht an sie. Na schön, dachte Laura wütend. Was soll ich auch mit Markus? Bin bisher auch ohne ihn ausgekommen.

»Na, hat er schon genug von dir?« Sarahs grinsendes Gesicht erschien über die Rückenlehne.

»Er scheint dich aber gar nicht zu vermissen.« Das war Nicole. »Hey, Markus!«, rief sie dann. »Deine neue Freundin hat Sehnsucht nach dir.«

Laura steckte ihre Walkmanstöpsel ins Ohr und drehte die Musik auf volle Lautstärke, um das Gegröle und die Bemerkungen ihrer Mitschüler nicht mehr zu hören. Sie versteckte ihr Gesicht in der Jacke, die am Fenster hing. Wäre sie bloß zu Hause geblieben!

10

Nach der Ankunft in der Jugendherberge und einem schnellen Mittagessen ging es an die Zimmerverteilung. Da Laura vor der Fahrt keine Wünsche geäußert hatte, blieb ihr jetzt nur ein Platz im 4-Bett-Zimmer mit Janina, Emel und Claudia, worüber sie nicht besonders glücklich war. Die drei gehörten genau wie sie selber zu den Außenseitern der Klasse. Wer wollte mit ihnen schon etwas zu tun haben?

Claudia sah man auf den ersten Blick an, dass ihre Eltern nicht viel Geld hatten und sich auch sonst nicht viel um sie kümmerten. Sie trug immer dieselben abgewetzten Jeans und ein schmuddeliges T-Shirt. Keiner wollte neben ihr sitzen, weil sie nach Schweiß roch und fettige, strähnige Haare hatte. Vor allem die Jungs machten sich über sie lustig und nannten sie nur noch »unser Stinkerchen«.

Emel dagegen sah auf den ersten Blick ganz passabel aus. Sie hatte lange blonde Haare und war immer nach der neuesten Mode gekleidet. Erst wenn sie den Mund aufmachte, fiel sie auf. Sie brachte keinen Satz ohne Schimpfworte heraus.

»Lass das, du Arsch«, waren ihre Lieblingsworte.

»Wie redest du nur?«, hatte Herr Bennert sie neulich ganz entnervt angeschrien. «Am liebsten würde ich deine gesammelten Schimpfworte in einem Brief an deine Eltern schicken.«

Emel hatte ihn ausgelacht. »Tun Sie das! Mein Vater wird den Brief gar nicht verstehn. So vornehme Wörter wie Sie kennt der gar nicht. Der redet doch genauso wie ich. Sogar mit meiner Mutter.«

Janina war die Klassenoma. Sie war schon siebzehn, hatte bereits zwei Klassen wiederholt und verdiente ihr eigenes Geld, weil sie abends und am Wochenende in einer Kneipe arbeitete.

»Was sagen denn deine Eltern dazu?«, fragte Laura.

»Wenn ich da an meine Mutter denke ...«

Janina zuckte mit den Schultern. »Was sollen die schon sagen? Mein Vater ist schon lange weg und meine Alte ist selten zu Hause. Und wenn, dann kümmert die sich um ihren Kram. Die ist froh, wenn ich mein eigenes Geld verdiene und ihr nicht ständig auf der Tasche liege.«

Jedenfalls war Laura anfangs nicht sehr begeistert, ausgerechnet bei den dreien zu wohnen, aber wie sich sehr schnell herausstellte, war die Stimmung auf dem Zimmer bombig. Janina hatte gegen alle Verbote einen Kassettenrekorder im Koffer mitgeschmuggelt, so dass sie bis spät in die Nacht hinein Musik hören konnten.

Das sprach sich natürlich schnell herum und gegen Mitternacht saßen bereits fünfzehn Jungen und Mädchen, mehr als die Hälfte der Klasse, auf den Betten, klönten und hörten Musik. Chipstüten und Coladosen kreisten, Witze wurden erzählt, Laura fühlte sich zum ersten Mal dazugehörig.

Vergessen waren die Sticheleien und bösen Worte der letzten Woche. Sogar, als Markus sich neben sie setzte, gab es keine blöden Bemerkungen. Laura sah zwar den Blick, den sich Sarah und Nicole zuwarfen, aber selbst die beiden hielten sich zurück und sagten keinen Ton.

Gegen 2 Uhr fand das Ganze ein abruptes Ende, als Frau Bennert, die extra Urlaub genommen hatte, um die Mädchen auf der Klassenfahrt zu betreuen, völlig verschlafen im Trainingsanzug in der Tür erschien und mit schriller Stimme befahl: »In zwei Minuten sind alle in ihren Betten. Wen ich dann noch erwische, den schicke ich gleich nach Hause. Auf eigene Kosten!«

Zu Lauras Verwunderung löste sich die Versammlung

blitzartig auf. Selbst Emel, die sich normalerweise um Vorschriften und Regeln überhaupt nicht kümmerte, erzählte nur noch flüsternd, dass Frau Bennert schon beim letzten Mal tatsächlich zwei Schüler nach Hause geschickt hatte. Die machte wirklich, was sie androhte.

Am nächsten Morgen, beim Frühstück, war die Stimmung weniger friedlich. Laura saß zusammen mit Janina, Claudia und Emel an einem Tisch und wünschte sich weit weg oder wenigstens an einen Nachbartisch. Emels Essmanieren waren eine Katastrophe. Dabei war es Laura eigentlich ziemlich egal, ob jemand seinen Ellbogen aufstützte oder nicht. Wie oft hatte sie sich mit ihrer Mutter gestritten, in welche Hand man die Gabel nehmen sollte. Ob rechts oder links, sie verstand nicht, warum die Mutter sich über ihre angeblich unmöglichen Essmanieren so aufregte. Sie hätte mal Emel essen sehen sollen. Da verging selbst Laura der Appetit.

Die Jungens vom Nachbartisch schauten bereits herüber, stießen sich an und kicherten. Und Emel merkte es nicht einmal. Sie schmatzte mit vollem Mund, füllte sich den Teller mit Müsli so voll, dass die Hälfte herunterrann. Dabei kicherte und sprach sie pausenlos.

Als Claudia dann beim Teeeingießen die Tasse umstieß und Janina laut kreischend aufsprang, weil ihre Hose nass geworden war, drehten sich alle um und lachten.

»Essmanieren müsste man haben! Jetzt fehlt nur noch, dass Laura ihre Feile rausholt oder ihren Pickel pudert«, sagte Sarah laut und deutlich in das Gelächter.

Laura schaute krampfhaft auf ihren Teller. Sie kaute an dem zähen Brötchen, kaute und kaute. Die anderen lachten immer noch, erst leise, dann auf einmal wieder lauter.

Dazwischen Sarahs kreischende Stimme: »Markus, du Schwein, das hast du mit Absicht gemacht.«

Laura schaute auf. Da stand Sarah neben ihrem Tisch und wischte sich den Kakao vom Pullover. Markus stand daneben, in der Hand die Kanne.

»Tut mir echt Leid, aber ich bin gestolpert«, meinte er zerknirscht.

»Mit Absicht hast du das gemacht. Die Rechnung für die Reinigung kannst du mir bezahlen.«

Markus entschuldigte sich nochmals und ging zu seinem Platz zurück. Als er an Laura vorbeikam, zwinkerte er ihr zu. Oder hatte sie sich das nur eingebildet?

Abgesehen von den Mahlzeiten hatte Laura aber nichts gegen die Gesellschaft von Janina, Claudia und Emel einzuwenden. Die drei hatten nämlich genauso wenig Lust wie Laura, sich an den täglichen Ausflügen zu beteiligen.

«Ich hab keinen Bock, mir so 'ne blöde Ausstellung anzusehen«, protestierte Emel bereits am ersten Tag, als Herr Bennert nach dem Frühstück das gemeinsame Tagesprogramm vorstellte: der Reichstag und die historische Ausstellung *Deutsche Geschichte von 1800 bis zur Gegenwart*.

»Das hier ist keine Vergnügungsreise, sondern ein Bildungsurlaub«, wurde sie von Herrn Bennert zurechtgewiesen. »Deine Eltern haben schließlich eine Menge Geld ausgegeben, damit du hier sein kannst.«

»Und nicht, damit du in den Boutiquen herumhängst«, ergänzte Frau Bennert. «Ich glaube, für jemanden wie dich hat sich mein Mann etwas Besonderes ausgedacht.«

Als Antwort streckte ihr Emel die Zunge raus, was sie zum Glück aber nicht mehr bemerkte.

Herr Bennert fuhr fort: »Wie ich gerade schon erwähnte, soll diese Reise auch für eure Bildung nützlich sein. Daher muss jeder zu Hause einen Aufsatz schreiben. Was ist euch besonders aufgefallen in Berlin? Was habt ihr interessant gefunden? Ich denke, jeder von euch wird ein Thema finden, das ihm Freude macht.«

Ein allgemeines Stöhnen ging durch die Klasse. So ein Aufsatz konnte einem wirklich die ganze Freude an Klassenfahrten verderben. Nur Janina meldete sich spontan.

«Ich schreib was über die Ausstellung heute.«

Herrn Bennert verschlug es die Sprache. Ausgerechnet Janina. Aber dann lobte er ihren Einsatz.»Nehmt euch ein Beispiel an Janina. Je eher daran, desto eher davon.«

Das Stöhnen in der Klasse verstärkte sich. Erst der Aufsatz und dann auch noch blöde Sprüche. Emel stieß Janina an und tippte mit dem Finger gegen ihre Stirn.

»Hast du den Arsch offen?«, fragte sie genau in dem Moment, als Herr Bennert eine Sprechpause einlegte. Er zuckte zusammen und ließ seinen Kugelschreiber fallen. Seine Frau schnappte nach Luft, die Klasse fing an zu kichern, Emel schaute sich verwundert um. Herr Bennert hatte nach dieser sprachlichen Entgleisung die Lust an weiteren Diskussionen verloren und schickte die Klasse zum Bus.

Nach einer Stadtrundfahrt hielt der Bus am Rande einer Rasenfläche mit Blick auf den Reichstag.

»Alles aussteigen!«, rief Herr Bennert fröhlich. »In zwei Stunden treffen wir uns wieder hier. Ich hoffe, ihr habt alle Papier und Bleistift dabei. Und denkt dran. Jede Gruppe besteht aus mindestens drei Personen. Wenn sich einer verletzt, kann in diesem Fall einer bei dem Verletzten bleiben ...«

»Der andere holt Hilfe!«, ergänzte die Klasse im Chor. Diesen Spruch bekamen sie auf jedem Ausflug mehrmals zu hören.

In kleinen Gruppen zogen die Schüler los. Als Laura aus dem Bus stieg, wartete Markus vor der Tür.

»Mit welcher Gruppe gehst du?«, fragte er.

»Sie kommt mit uns«, antwortete Emel, bevor Laura etwas sagen konnte.

»Schade«, meinte Markus. »Na, dann sehen wir uns nachher.« Er rannte hinter seinen Freunden her, die schon ungeduldig auf ihn warteten. Laura schaute ihm nach.

»Willst du wirklich lieber mit dem Typen losziehen? Das ist doch 'n richtiger Streber? Seit wann stehst du auf so einen?«

»Ich finde, er ist gar nicht so übel.«

»Na, dann lauf ihm doch nach!« Emel drehte sich beleidigt weg.

»War doch nicht so gemeint!« Laura hängte sich bei Emel ein. Schade war es schon, dass er nicht mal ihre Antwort abgewartet hatte, aber nachlaufen würde sie ihm bestimmt nicht.

Vor dem Eingang zur Ausstellung warteten Claudia und Janina auf sie. Janina beobachtete Herrn Bennert und seine Frau, die gerade um die Ecke hinter dem Reichstagsgebäude verschwanden. Nicole und Sarah folgten ihnen. Janina ging zielstrebig die Treppe hinauf in den Eingangsraum zur Ausstellung und kaufte sich für zwanzig Mark den fünfhundert Seiten starken Führer. Dann zog sie, die anderen drei im Schlepptau, in den ersten Ausstellungsraum.

»Bist du krank?«, fragte Claudia sie. »Zwanzig Mark für so 'n Haufen Papier, den kein Mensch versteht?«

»Willst du dir diese blöde Ausstellung tatsächlich anschaun?«, jammerte auch Laura. »Wir sind bestimmt die einzigen.«

»Hast du Nicole und Sarah vergessen? Und dein Freund Markus wird sicher auch was für seine Bildung tun«, meinte Janina und grinste Laura an, die einen roten Kopf bekam.

»Ich lauf jetzt hier in zehn Minuten durch«, erklärte Janina. »Dann weiß ich, wie die Stimmung ist. Den Rest schreib ich aus dem Führer ab. So kommt Herr Bennert zu seinem Aufsatz und ich hab für den Rest der Klassenfahrt frei.«

Die anderen schauten sie bewundernd an. Wenn es Noten für Ideen geben würde, wie man Lehrer austrickste, dann würde Janina bestimmt als Klassenbeste eine Eins bekommen. »Vielleicht können wir ja Gruppenarbeit machen«, schlug Laura vor. »Herr Bennert steht doch auf Teamwork.«

»Na gut«, meinte Janina. »Ich hatte die Idee und ihr schreibt den Aufsatz. Jetzt lasst uns anfangen. Danach lad ich euch auf ein Eis ein.«

Die ersten Tage waren dank Janinas Einfällen nicht sonderlich anstrengend. Selbst die Stadtrallye, die Herr Bennert am Samstag zwischen Brandenburger Tor und Rotem Rathaus veranstaltete, blieb für Lauras Gruppe ohne Folgen, sprich Blasen an den Füßen.

Jeder Gruppe wurde eine Karte mit zwanzig Anlaufpunkten in die Hand gedrückt. Denkmäler sollten erkannt, Inschriften und Öffnungszeiten von Gebäuden notiert werden.

»Damit ich sicher bin, dass ihr nicht völlig blind durch die Gegend lauft und nur nach MacDonald's Ausschau haltet«, begründete Herr Bennert seine Rallye.

Während die anderen murrend loszogen, hielt Janina ihre Gruppe zurück, bis keiner aus der Klasse mehr zu sehen war. Dann steuerte sie den nächsten Taxistand an. Mehr als zehn Wagen standen dort, die Fahrer unterhielten sich oder saßen lesend in ihren Autos, um auf Kunden zu warten. Sie halfen bereitwillig, die Fragen zu beantworten. Es machte ihnen sichtlich Spaß, vor den vier Mädchen als Berlinexperten zu glänzen. Einer versuchte, den anderen zu übertreffen. Innerhalb von zwanzig Minuten war der Fragebogen ausgefüllt.

»Erst die Arbeit, dann das Vergnügen«, zitierte Janina einen weiteren Lieblingsspruch von Herrn Bennert. »Die Arbeit hätten wir abgehakt. Auf ins Vergnügen!«

Mit der U-Bahn ging es dann zum Ku'damm, wo sie bis zum Mittag in den Boutiquen herumstöberten. Laura erstand einen schwarzen Lack-BH, der genau zu ihrem Lackrock passte. Von den anderen drei bewundert, drehte sie sich vor dem Spiegel.

»Wow!«, machte Emel, als sie das Preisschild sah. »Hast du 'ne Bank ausgeraubt?«

»Nee, aber mein Vater hatte ein schlechtes Gewissen, weil er sich so selten sehn lässt und ...«

»Und da war er sehr spendabel«, ergänzte Emel. »Das kenn ich. Bei meiner Mutter ist das genauso.«

11

Abends zog die Klasse, das heißt, wer noch keine Blasen an den Füßen hatte, zu einem Abendbummel in die Innenstadt. Wer keine Lust hatte, konnte in der Jugendherberge bleiben. Frau Bennert, die als Aufsicht ebenfalls dort geblieben war, legte sich allerdings kurze Zeit später mit Kopfschmerzen ins Bett.

Wie auf Bestellung, dachte Laura. Besser konnte es gar nicht kommen. Während Janina, Emel und Claudia, die ebenfalls dageblieben waren, noch überlegten, was sie mit dem Abend anfangen sollten, rannte Laura nach oben auf ihr Zimmer. In Windeseile zog sie sich um. Schwarzer Lackrock und dazu der Lack-BH. Leider gab es keinen

Spiegel, in dem sie sich von oben bis unten betrachten konnte. Egal, sie fühlte sich einfach toll.

Gerade, als sie ihre Jacke überziehen wollte, kamen die drei anmarschiert.

»Hey, alle mal herschaun! Was hast du denn vor?«

Laura schlug ihr wütend auf die Hand.

»Meine Sache. Das geht euch gar nichts an.«

Auf einen Wink von Janina bauten sich Claudia und Emel vor Laura auf, so dass sie nicht zur Tür hinaus konnte.

»Das haben wir gerne. Den ganzen Tag waren wir gut genug für dich. Und jetzt willste alleine deinen Spaß haben«, zischte Emel sie böse an. »Na los, spuck's aus! Was geht hier ab?«

Laura schwieg. Das war ihre Party. Nur wegen dieser Party war sie überhaupt mitgekommen und ließ sich die dummen Sprüche von Sarah und Nicole gefallen. Sie hatte nicht vor, noch andere mitzunehmen. Je weniger davon wussten, umso sicherer.

»Vielleicht hat sie ja ein Rendezvous mit Markus«, meinte Claudia.

»Markus ist gar nicht hier geblieben«, sagte Emel, die immer zorniger wurde, je länger Laura schwieg. »Nee, nee, die hat was vor und will uns nicht dabeihaben.«

»Frau Bennert würde Augen machen, wenn sie dich so sieht«, meinte Janina auf einmal. »Los, Emel, geh mal klopfen.«

Laura hätte sie erwürgen können. Janina würde keine Hemmungen haben, sie zu verpetzen, so gut kannte Laura sie inzwischen.

»Ich will zu 'ner Raveparty. Die geht in der Stadthalle ab. Sechzehn DJs ...«, sagte sie wütend.

Sie hatte noch nicht ausgeredet, als sich Janina das T-Shirt über den Kopf zog, ihr Handtuch schnappte und unter die Dusche rannte. Emel und Claudia kreischten vor Begeisterung.

»Mann, bist du gemein! Sechzehn! Und da wolltest du alleine hingehn, du alter Arsch!« Emel kippte mit Schwung ihre Reisetasche auf ihrem Bett aus. »Was soll ich bloß anziehn? Ich hätte mir heute morgen noch was kaufen solln. Ich könnte dich erwürgen. Selber kaufst du so 'nen geilen BH und ich hab nichts anzuziehn.«

»Hör auf zu fluchen. Zieh dich lieber um! Oder willst du so hingehn?« Janina kam mit tropfnassen Haaren ins Zimmer.

Seufzend setzte sich Laura aufs Bett und schaute zu, wie sich die drei partyfertig umzogen. Endlich waren sie so weit. Auf Zehenspitzen schlichen sie an Frau Bennerts Zimmer vorbei.

»Und wie kommen wir nachher wieder rein?«, fragte Janina, als sie auf der Straße waren.

»Ich geh noch mal zurück. Wir machen im Gemeinschaftsraum das Fenster auf.« Laura rannte zurück. Das mit dem Fenster hatte sie schon lange vorher geplant, über dem Ärger mit Janina und Co. aber glatt vergessen. Im Gemeinschaftsraum öffnete sie das letzte Fenster in der Ecke, das halb vom Schrank verdeckt war, einen Spalt und zog die Gardine davor. Prüfend schaute sie von der Tür aus noch einmal zurück. Die Tarnung war perfekt.

Zum Glück hatte Laura ihren Ausflug generalstabsmäßig geplant und den Stadtplan Straße für Straße im Kopf. Herr Bennert würde sich wahrscheinlich über ihr gutes Gedächtnis wundern. Mit U-Bahn und Bus und mehrmaligem Umsteigen fanden sie zur Deutschlandhalle. Viel zu früh kamen sie an. Trotzdem standen bereits lange Schlangen wartender Jugendlicher auf dem großen Platz vor der Halle.

Plötzlich fuhr ein Lastwagen durch die Menge. Zwei

gigantische Lautsprecher waren auf der Ladefläche montiert. Die Menge drängte sich um den Wagen. Laura zuckte zusammen, als die Musik durch die Lautsprecher dröhnte. Alle begannen zu tanzen.

Die Stimmung war bereits bombig, als sich gegen 18 Uhr endlich die Türen zur Halle öffneten. Zwanzigtausend Raver aus ganz Europa waren angereist, strömten in die Halle, verteilten sich über die drei Tanzflächen. Auf der mittleren Bühne war eine riesige Videowand aufgebaut. Bunte, grelle Bilder überschlugen sich. Aus der Laseranlage schossen pausenlos rote, grüne und blaue Strahlen über die Menge. Die 16-Stunden-Party konnte beginnen.

Mit geschlossenen Augen wiegte Laura sich zur Musik ... Schule ... Mutter ... Chrissie ... alles war weit weg, löste sich auf ... verschwand mit dem roten, blauen und grünen Nebel, der von zwei Nebelkanonen über die Tanzenden geschossen wurde, in der Luft. Laura hob ihre Arme und schob die schimmernden Nebelschwaden zur Seite.

Dann plötzlich peitschte der Beat mit 180 BPM durch die Halle. Lauras Ohren schienen zu platzen. Spitze, schrille Schreie gellten von allen Seiten durch die Halle. Dazwischen Trillerpfeifen.

Laura war umgeben von zuckenden, zappelnden Körpern. Sie selber spürte nur noch den Rhythmus im Kopf, im Körper. Wie elektrisiert, ohne Kontrolle über ihre Bewegungen war sie Teil des wummernden Beats geworden. Dazwischen immer wieder softe Phasen, in denen die Musik langsamer wurde, ebenso die Bewegungen der zuckenden Körper.

Janina, Emel und Claudia hatte Laura längst aus den Augen verloren. Sie waren unwichtig. Sie tanzte und tanzte ... schwebte mit dem Nebel durch den Raum ...

Am frühen Morgen gegen 5 Uhr wankte sie völlig ausgepumpt aus der Halle. Hinterher konnte sie nicht mehr sagen, wie sie zurück zur Jugendherberge gekommen war. Am liebsten hätte sie sich irgendwo auf eine Bank im Park gesetzt. Nur noch schlafen.

So müde wie heute war sie noch nie nach einer Raveparty gewesen. Aber sie hatte ja auch noch nie eine Nacht ohne Ecstasy durchgetanzt. Nicht dass es hier keine Gelegenheit zum Kauf gegeben hätte, aber Laura fehlte das nötige Kleingeld. Lackrock und Lack-BH hatten ein Riesenloch in ihre Kasse gerissen. Und geschenkt bekam man so was natürlich nicht.

Wie auf den Partys zu Hause waren auch hier alle Tänzer wie eine große Familie. Jeder war freundlich zu jedem, als würde man sich schon ewig kennen. Aus dem Colaglas eines Wildfremden konnte man jederzeit einen Schluck kriegen, nur bei Ecstasy hörte die Freundschaft auf. »Hast du Kohle, dann kriegst du eine, hast du keine, Pech gehabt.« Die meisten Raver waren froh, wenn sie das Geld für ihre eigene Ration zusammenbekamen.

Während der Nacht hatte Laura auf die kleine rote Pille gut verzichten können, aber jetzt für den Rückweg hätte sie dringend eine gebraucht. Vor allem hätte sie dann auch die Kälte nicht so gespürt. In der Hektik am Nachmittag hatte sie vergessen, eine Jacke mitzunehmen. Na schön, würde sie eben krank werden. Das war jetzt auch egal. Die Party war es wert gewesen.

In der Jugendherberge war es noch ruhig. Laura schlich um das Gebäude herum. Hier musste doch irgendwo der Gemeinschaftsraum sein. Von außen sahen alle Räume gleich aus. Vor die Fenster hatte man zudem dichte Büsche gepflanzt.

Da, das Fenster. Laura blieb erschrocken stehen. Es war geschlossen. Das gab es doch nicht. Laura rieb sich die Augen. Vielleicht war es der falsche Raum. Sie wühlte sich durch die Büsche, rüttelte am Fenster. Zu! So eine Gemeinheit.

Wahrscheinlich hatten Janina und Co. sie völlig vergessen, als sie nach Hause kamen. Oder es war der Hausmeister gewesen. Vielleicht hatte er abends noch einen Rundgang gemacht und das offene Fenster entdeckt. Und dabei hatte sie doch extra die Gardine davorgezogen.

Laura stampfte wütend mit dem Fuß auf den Boden. Dabei traf sie auf etwas Weiches und schrie erschrocken auf. Eine Maus!

Sie sprang vor Schreck zurück ins Gebüsch, stolperte über etwas am Boden Liegendes und fiel hin. Schimpfen, Kreischen, Fluchen. Janina rieb sich den Fuß, Emel hielt sich den Kopf.

»Kannst du nicht aufpassen, du altes Trampeltier!«, schimpfte Claudia. Schlaftrunken schaute sie Laura an. »Wieso ist das Fenster nicht auf? Du wolltest es doch öffnen!«, jammerte sie. »Gleich kommen alle zum Frühstück. Na, das gibt Ärger. Die Bennert schickt uns sofort nach Hause, da kannst du Gift drauf nehmen!«

»Ich hab's doch aufgemacht.«

In diesem Augenblick klopfte es leise ans Fenster. Alle vier schauten erschrocken hoch. Hinter der Fensterscheibe im Gemeinschaftsraum stand Markus und grinste übers ganze Gesicht.

Janina sprang wütend auf. »Mach das Fenster auf, du Idiot. Steht da und grinst. Na los.«

Ungeduldig pochte sie gegen die Scheibe. Markus betrachtete sie seelenruhig. Dann ging er Schritt für Schritt vom Fenster zurück.

»Dieses Arschloch!«, kreischte Janina.

»Wenn du weiter so schreist, kommt Herr Bennert und macht dir auf«, zischte Laura.

Wütend standen sie vor dem Fenster, zitterten vor Zorn

und vor Kälte und machten Markus Zeichen. Aber der nutzte die Situation natürlich aus und spielte den Clown. Er legte seine Hand ans Ohr, als ob er taub wäre, zuckte mit den Schultern.

»Wenn ich den zu fassen kriege«, knurrte Emel mit zusammengebissenen Zähnen. »Dann mach ich Hackfleisch aus ihm. Los, Laura, mach was! Auf dich hört er vielleicht.«

Aber Laura war inzwischen alles egal. Sie hockte sich auf den Boden und legte den Kopf auf die Knie. Nur noch schlafen, wenn es sein musste, gleich hier.

Schließlich kam Janina der entscheidende Einfall. »Hey, Markus!«, rief sie. »Laura ist gar nicht gut drauf. Die kippt uns hier gleich weg.«

Es dauerte keine zwei Sekunden, bis Markus das Fenster aufriss und sich erschrocken nach draußen beugte.

»Reingefallen! Reingefallen!«, schrie Janina triumphierend und stieß ihn beiseite. Eine nach der anderen kletterte durchs Fenster.

»Kommt ihr jetzt erst oder steht ihr da schon lange? Vielleicht die ganze Nacht? War das Fenster nicht mehr auf? Ihr seht so müde aus, ihr Armen!« Markus hatte seine Sprache wieder gefunden.

Emel, die gerade den ersten Fuß auf die Fensterbank gesetzt hatte, blieb bewegungslos stehen und starrte ihn an. Drohend wedelte sie mit ihrem Finger vor Markus' Nase hin und her.

»Du hast das Fenster zugemacht. Gib's zu!«

»Ich? Du hast sie ja nicht mehr alle.«

Janina schubste ihn zur Seite und kletterte durchs Fenster, dann kamen Emel, Claudia und zum Schluss Laura.

»Soll ich für euch mitdecken?«, rief Markus hinter ihnen her.

Emel drehte sich wütend um.

»Du kommst dir wohl sehr komisch vor, was? Ich geh schlafen.«

Während die anderen ins Bett krochen und die Decke über den Kopf zogen, stellte sich Laura unter die Dusche. Sie traute sich nicht, im Bett zu bleiben. Nur nicht auffallen. Also ließ sie immer wieder abwechselnd kaltes und heißes Wasser über sich laufen und ging dann zum Frühstück, wo die anderen bereits lautstark am Essen waren.

Betont unauffällig ging sie durch die Reihen zu ihrem leeren Tisch. Kaum hatte sie sich gesetzt, kam auch schon Frau Bennert zu ihr.

»Wo sind deine Zimmergenossinnen? Schlafen die etwa noch?«

Die anderen schauten herüber. Markus grinste. Laura schüttelte den Kopf.

»Die fühlen sich nicht so wohl.«

»Vielleicht haben sie nicht so gut geschlafen«, meinte Markus hilfsbereit.

Laura warf ihm einen bösen Blick zu.

»Sie sind ... na ja ... sie sind ... krank.«

»Alle drei?«

»Na ja, eh, ich glaub ...«

»Vielleicht haben sie was Falsches gegessen. Mir war gestern nach den Frikadellen auch so merkwürdig«, mischte sich Markus wieder ein. Laura hätte ihn erwürgen können. Er machte sich lustig über sie. Aber immer noch besser, als wenn er die wahre Geschichte erzählt hätte.

»Ach du meine Güte. Das fehlte uns jetzt noch.« Besorgt eilte Frau Bennert aus dem Zimmer. Markus grinste Laura an. Sie streckte ihm die Zunge heraus und schmierte sich wütend Honig auf ihr Brötchen.

Der Tag zog sich wie Kaugummi in die Länge. Vom Checkpoint Charlie und dem Mauermuseum, das für heute auf dem Programm stand, bekam Laura kaum etwas mit. Sie ärgerte sich, dass sie nicht wie die anderen drei im Bett geblieben war. Wenn Frau Bennert die Geschichte mit den Magenproblemen bei Janina, Emel und Claudia glaubte, hätte sie es vermutlich auch nicht verdächtig gefunden, wenn Laura sich dazugelegt hätte. Laura war todmüde, außerdem lief ihre Nase und der Hals tat ihr weh.

12

Beim Abendessen kündigte Herr Bennert den gemeinsamen Discobesuch an. Während die anderen jubelten, schauten sich Janina, Emel und Laura müde an. Sie hatten keine große Lust, tanzen zu gehen, aber hier bleiben würde auffallen. Die anderen rannten hoch in ihre Zimmer, um sich umzuziehen. Laura, die Tischdienst hatte, sammelte gerade die letzten Teller ein, als sie von hinten einen Stoß bekam. Björn und Pit hatten gerangelt und waren gegen sie geflogen. Laura kippte die Teller mit den Soßenresten ausgerechnet auf Sarah, die noch an ihrem Tisch saß und ihren Tee austrank.
»Du Trampel! Kannst du nicht besser aufpassen.«
»Selber Trampel!«, schimpfte Laura zurück. »Kann ich was dafür, wenn die Blödmänner mich schubsen?«
Sarah schnaubte wütend und verließ den Raum.
Eine Stunde später waren alle im Gemeinschaftsraum versammelt. Gestylt für den Discobesuch. Laura hatte sich verspätet, weil sie noch den Boden im Essraum aufwischen musste. Als sie schließlich die Treppe herunterkam, hörte sie Nicoles laute Stimme: »Vielleicht kann Laura die Uhr nicht lesen! Aber das arme Kind kann ja nichts dafür. Bei der Mutter!«

Laura blieb mit einem Ruck stehen. Was meinte die blöde Ziege damit bloß? Nicole kannte ihre Mutter doch gar nicht.

»Ach, halt doch die Klappe. Spinn hier nicht rum.« Markus' Stimme.

»Na, hör mal!« Nicoles Stimme wurde ein wenig schrill. »Stell dir mal vor, deine Mutter könnte nicht lesen und schreiben. Dann ...«

»Kann sie auch nicht. In der Türkei auf dem Land gibt es noch viele, die das nicht können.«

»In der Türkei. Aber wir sind hier nicht in der Türkei. Bei uns kann doch jeder normale Mensch lesen. Und Lauras Mutter kann es eben nicht. Bei so einer Mutter kannst du auch von der Tochter nichts erwarten ...«

»Woher weißt du das?«

»Von Sarah. Ihre Mutter ist doch Lehrerin und leitet 'nen Kurs für erwachsene Analphabeten«, erzählte Nicole triumphierend. »Sarah hat sie neulich abgeholt. Und wen sieht sie da?«

»Hör auf, Nicole. Ich soll nicht darüber reden. Du hast versprochen, nichts weiterzuerzählen.« Sarahs Stimme klang verlegen.

»Ist schon passiert. Jetzt kann ich den Rest auch erzählen. Also, wen hat Sarah wohl getroffen? Lauras Mutter. Erst hat sie gedacht, die ist auch Lehrerin. Und dann stellt sich raus, Lauras Mutter lernt lesen und schreiben. Und dann tut Laura immer so, als wäre sie was Besonderes. Mit 'ner Mutter, die nicht mal lesen kann. Jetzt wissen wir wenigstens, warum Laura so doof ist.«

Die anderen lachten.

»Du bist gemein!« Markus sprang auf und verpasste Nicole eine Ohrfeige. Sie schrie auf, Stefan stürzte sich auf Markus und im Nu war eine heftige Keilerei im Gange. Wilde Anfeuerungsrufe hallten durch den Flur:

»Gib's ihm, Stefan!«
»Markus vor! Noch ein Tor!«
Dazwischen Herr Bennerts Stimme.
»Kinder! Aufhören! Auseinander, ihr beiden!«
Laura war langsam die Treppe wieder hochgegangen, hatte ihr Zimmer von innen abgeschlossen und sich im Dunkeln auf ihr Bett gelegt. In ihrem Kopf drehte sich alles. Nach einer Weile hörte sie jemanden den Gang entlanggehen. Es wurde an der Tür gerüttelt.
»Laura!« Emels Stimme. »Bist du da drinnen? Wir gehn jetzt los. Laura! Ich weiß, dass du da drinnen bist. Mach schon auf!«
Die Schritte entfernten sich. Laura lag im Dunkeln und dachte nach. Sie konnte das, was Nicole über ihre Mutter gesagt hatte, nicht begreifen. Mutter kann nicht lesen und schreiben? Das stimmte einfach nicht. Sie besuchte einen Kurs für erwachsene Analphabeten? War die Mutter da morgens immer hingegangen? Aber wenn sie wirklich nicht lesen konnte, warum hatte Laura das nicht früher gemerkt? So was kann man doch nicht jahrelang verstecken, ohne dass es die anderen merken. Es stimmte einfach nicht. Nicole hatte das nur gesagt, um Laura zu beleidigen.
Aber hatte nicht auch die Mutter am Tag vor der Abfahrt etwas von Sarahs Mutter erzählt? Sie versuchte sich an die Diskussion zu erinnern. An ihre eigene Bemerkung über die Doofen, die nicht lesen und schreiben können. Und dann kam die Ohrfeige der Mutter.
Wenn sie es sich so recht überlegte, hatte die Mutter ihr eigentlich nie etwas vorgelesen. Und die Sehnenscheidenentzündung in der Hand? Die Probleme mit den Augen?
Laura setzte sich abrupt im Bett auf. Sarah hatte doch Recht! Die Mutter hatte nie was mit der Hand gehabt. Oder mit den Augen. Das hatte sie nur vorgeschoben,

damit niemand etwas merkte. Sie konnte nicht lesen und nicht schreiben. Das war es.

Jetzt war auch klar, warum sie sich weigerte, Lauras Schule zu betreten. Weil sie bestimmt sehr schlechte Erinnerungen an die Schule hatte. War ja logisch. Wenn man nicht mal schreiben und lesen kann, dann können die Noten auch nicht so berauschend gewesen sein. Und wie die Lehrer so jemanden behandelten, das konnte sie sich auch gut vorstellen.

Trotzdem wurde es Laura ganz heiß vor Wut. Alle Ohrfeigen, die sie in den letzten Jahren von ihrer Mutter wegen schlechter Noten bekommen hatte, brannten in ihrem Gesicht. Gleich würde ihr Kopf platzen vor Zorn.

Sie sprang aus dem Bett und rannte nach draußen. Ziellos lief sie durch die Straßen. Am liebsten wäre sie nach Hause gefahren, um ihre Mutter zur Rede zu stellen.

Als sie endlich zur Jugendherberge zurückkam, lief sie zu ihrem Pech Herrn Bennert und der Klasse in die Arme. Die standen vor dem Nebeneingang und warteten darauf, dass Herr Bennert den Schlüssel in seiner Hosentasche fand.

Sie blieb mit einem Ruck stehen, wollte Schritt für Schritt zurückgehen, aber er hatte sie schon gesehen. »Laura!«, donnerte er. »Wo kommst du denn jetzt her? Wo bist du die ganze Zeit gewesen? Wieso läufst du hier alleine herum?«

»Bei Laura müssen sie so was zweimal sagen. Die ist 'n bisschen langsam im Denken«, rief Agnes kichernd.

»Das hat se wohl von ihrer Mutter!«

Alle lachten. Herr Bennert schüttelte den Kopf.

»Ich glaube, es wird Zeit, dass ihr alle ins Bett geht. In einer halben Stunde ist Ruhe. Hier geblieben!«, rief er hinter Laura her. »Mit dir habe ich noch zu reden. Laura!«

Aber Laura hörte nicht auf ihn. Sie lief in ihr Zimmer,

zog sich aus und legte sich ins Bett. Sie bemerkte wohl die neugierigen Blicke und das Tuscheln von Janina, Claudia und Emel. Und sie hörte, wie Emel den anderen zuflüsterte:

»Am besten, wir lassen sie in Ruhe. Was kann sie denn dafür?«

»Genau«, meinte Janina. »Ich kann auch nicht gut lesen. Wer weiß, warum ihre Mutter nicht lesen kann. Vielleicht war sie lange krank und dann hat sie den Anschluss verpasst.«

»Also, ich kannte mal jemanden, der ist kaum zur Schule gegangen. Der musste immerzu auf seine Geschwister aufpassen, weil die Eltern gearbeitet haben ...«

»Das glaubst du doch wohl selber nicht. Jeder muss zur Schule gehn. Die holen dich sogar mit der Polizei.«

Laura zog sich die Decke über den Kopf. Sie war inzwischen sicher, dass es stimmte. Im Nachhinein gab es viele Hinweise, dass die Mutter nicht lesen und schreiben konnte. Warum das so war, interessierte Laura nicht. Die Mutter hatte es ja auch nie interessiert, warum Laura schlechte Noten bekam.

13

Am nächsten Morgen wäre Laura am liebsten gar nicht zum Frühstück nach unten gegangen. Sie hatte Angst, den anderen zu begegnen. Sie stand als Letzte auf, ließ sich sehr viel Zeit unter der Dusche, dann packte sie ihre Tasche aus und wieder ein, probierte mehrere T-Shirts aus. Emel beobachtete sie eine Weile, dann meinte sie:

»Los, komm schon, wir gehn zusammen. Verstecken

bringt auch nichts. Außerdem hast du doch gar nichts gemacht. Du kannst doch lesen. Und wer weiß, warum deine Mutter es nicht gelernt hat. Na los, mit den anderen werden wir schon fertig.«

Sie hakte sich bei Laura ein und zog sie zur Treppe. Schon von weitem hörten sie den fröhlichen Lärm, den die Klasse im Frühstückszimmer machte. Als sie durch die Tür kamen, wurde es schlagartig still. Alle schauten auf Laura, die am liebsten sofort wieder umgekehrt wäre. Sie hatten bestimmt über sie geredet und über ihre Mutter. Sie spürte, wie ihr Kopf rot wurde.

»Guten Morgen. Weiterfressen! Habt ihr noch nie jemanden zu spät kommen sehen?«, rief Emel fröhlich durch den Raum.

»Ich hab dir schon einen Tee organisiert!«, schrie Claudia quer durch den Raum. Emel zerrte Laura zu ihrem Tisch. Die anderen wandten sich wieder ihrem Frühstück zu, aber Laura spürte immer noch ihre Blicke im Rücken. Nicoles Bemerkung: »Na, da hat Laura ja die richtigen Freunde gefunden«, ließ sich auch nicht so einfach überhören.

Gegen Ende des Frühstücks kam Frau Bennert mit der Post.

»Eine Geburtstagskarte für Barbara ... ach ja richtig, morgen haben wir was zum Feiern ... Die Klassensprecher bleiben gleich noch hier, damit wir etwas organisieren ... Und hier für Laura.«

Sie reichte die Karte Sarah, die direkt neben ihr stand. »Gib sie bitte weiter.«

Sarah warf einen Blick darauf und kicherte. »Ihre Mutter hat geschrieben! Schaut mal, ihre schöne Handschrift! Und so ganz ohne Fehler!«

Die Karte ging von Hand zu Hand. Jeder, der sie las,

fing an zu grinsen. Laura wurde knallrot, drehte sich um und rannte davon, aus der Jugendherberge hinaus in den Garten. Sie waren so gemein, alle, ohne Ausnahme. Die ganze Klasse nutzte die Gelegenheit, ihr eins auszuwischen.

»Laura! So warte doch.«

Markus. Laura lief schneller, aber gegen ihn kam sie nicht an. Laut keuchend packte er schließlich ihren Arm.

»Nun warte doch. Du hast was vergessen.«

Er hielt ihr die Postkarte hin. Laura riss sie ihm aus der Hand. Wütend zerfetzte sie die Karte in kleine Stücke und warf sie auf den Boden. Dann drehte sie sich um, lief zurück in die Jugendherberge und schloss sich wieder in ihrem Zimmer ein.

Kurze Zeit später hörte sie das wütende Klopfen von Emel und Janina.

»Jetzt reicht es aber, Laura. Wir wollen auch rein. Mach auf. Du kannst nicht immer absperren.«

Dann Markus' Stimme: »Lass sie doch einfach in Ruh. Ich denk mal, sie will allein sein.«

»Na, ganz toll. Und denk mal, ich will meine Zahnbürste holen«, schimpfte Janina. »Sie tut so, als ob sie da alleine wohnt. Laura, aufmachen.« Laura rührte sich nicht.

Laut schimpfend zogen die anderen schließlich ab. Plötzlich hörte Laura erneut ein Geräusch an der Tür. Eine Karte wurde unter der Tür durchgeschoben. Laura traute ihren Augen kaum. Es war die Karte ihrer Mutter, sorgfältig zusammengeklebt. Wütend sprang Laura vom Bett und riss die Tür auf. Sie warf die Karte Markus vor die Füße.

»Ich will gar nicht wissen, was sie geschrieben hat. Es ist sicher voller Rechtschreibfehler. Darum haben sie alle gelacht.«

»Du bist ganz schön unfair zu deiner Mutter.«

»Reg dich nicht auf«, beruhigte Herr Bennert seine Frau. »Wir versuchen es nachher noch mal. Vielleicht ist Lauras Mutter ja nur zum Einkaufen gefahren.«
»Sie ist auf einem Lehrgang.« Markus' Stimme. Laura zog die Bettdecke über den Kopf. »Sie hat Laura eine Karte geschrieben. Da steht 'ne Telefonnummer drauf. Für den Notfall. Von einem Opa Hermann.«
Herr Bennert schaute Markus missbilligend an.
»Seit wann lesen wir die Post von anderen Leuten? Ich dachte, ich hab euch beigebracht ...«
»Heinz, lass den Jungen in Frieden«, unterbrach Frau Bennert ihren Mann. »Wo ist diese Karte jetzt? Laura ...«
»Laura hat sie nicht. Sie hat die Karte nicht einmal gelesen.«
Markus zog sie zerknittert und halb zerrissen aus der Tasche. Mit spitzen Fingern nahm Herr Bennert die Karte an sich. Er holte tief Luft und polterte los. »Also, das ist ja wohl ein starkes Stück. Nicht nur, dass du eine fremde Karte gelesen hast. Du hast sie auch noch Laura unterschlagen. Das hätte ich von dir nicht gedacht, Markus. Du enttäuscht mich aber sehr.«
Herr Bennert wollte noch eine Menge sagen, aber seine Frau packte ihn am Arm und zog ihn den Flur hinunter.
»Wir sprechen uns noch!«, rief er und schwenkte drohend die zerfetzte Karte.
Laura rührte sich nicht. Sie spürte, dass Markus noch dastand und wartete. Dann wurde das Licht ausgemacht und die Tür leise geschlossen.

Einige Stunden später fuhr Opa Hermann mit Fridolin auf den Hof der Jugendherberge, wo er von Herrn Bennert erleichtert begrüßt wurde.
»Ich weiß auch nicht, was mit Laura los ist. Plötzlich hatte sie hohes Fieber. Und sie hustet auch. Wahrschein-

lich hat sie sich irgendwo verkühlt. Am besten, Sie nehmen sie gleich mit nach Hause. Nicht, dass ich sie loswerden möchte, aber die Verantwortung. Sie verstehen? Ich muss mich noch um vierundzwanzig andere Schüler kümmern.«

Während er davoneilte, stand Opa Hermann besorgt neben Lauras Bett. Sie schlief oder tat wenigstens so. »Hoffentlich ist es nichts Ernstes«, murmelte er. »Sonst muss ich deine Mutter doch wohl anrufen.«

»Ich glaub nicht, dass es gefährlich ist!«, meinte Markus, der sich die ganze Zeit bei der Tür herumgetrieben hatte. »Sie hat sich bestimmt vorgestern Nacht erkältet.«

Lauras Kopf fuhr mit einem Ruck hoch. »Alte Petze!«, zischte sie.

Opa Hermann drückte sie aufs Kopfkissen zurück. »Nun mal langsam. Also was war mit vorgestern Nacht?«

»Nichts, ich mein ja nur, damit Sie sich keine Sorgen machen. Wenn man abends länger auf ist, dann erkältet man sich eben schon mal«, stotterte Markus und brach ab, als er Lauras Blicke bemerkte.

Opa Hermann merkte, dass es wohl besser war, das Thema zu wechseln, vor allem weil er Herrn Bennert den Flur entlangkommen sah, und meinte: »Vielleicht klärt ihr mich später mal darüber auf, was ihr des Nachts so treibt. Jetzt trink ich erst mal 'nen Kaffee, damit wir fahren können.«

Nach zwei Tassen Kaffee war Opa Hermann für die Rückfahrt gerüstet. Laura wurde ins Auto gesetzt, Janina trug ihre Tasche.

»Bis dann«, sagte sie zu Laura. »Werd du nur wieder gesund. Nicole und Sarah kannst du mir überlassen. Die werden was erleben.«

Als das Auto anfuhr, kam Markus angerannt. Er winkte.

»Soll ich anhalten, damit sich dein Freund verabschieden kann?«

Laura funkelte ihn an. »Das ist nicht mein Freund.«
»Immerhin macht er sich Sorgen wegen dir. Ohne ihn hätte deine Lehrerin wohl nicht meine Telefonnummer bekommen.«

Laura zuckte mit den Schultern und steckte den Kopf in das Kissen, das Opa Hermann vorsorglich mitgebracht hatte.

Er betrachtete sie nachdenklich. Wahrscheinlich Liebeskummer, dachte er. Laura war fünfzehn. Erste Liebe. Wahrscheinlich hatte sie sich mit diesem Markus zerstritten. Und hatte sich die Sache so zu Herzen genommen, dass sie Fieber bekam. Und er hatte sich dann Vorwürfe gemacht und die Lehrerin alarmiert. Opa Hermann nickte. Klarer Fall. Wenn er da an die schöne Herta zurückdachte. Fünfzig Jahre war das jetzt schon her. Zwei Tage lang hatte er nichts gegessen, nachdem sie ihm gesagt hatte, dass sie einen anderen liebte.

»Mach dir nichts draus«, tröstete er Laura. »Das geht vorbei ... Wie heißt er denn überhaupt?«

Lauras Kopf kam aus dem Kissen hoch. »Wer?«

»Na, der hübsche Junge mit den schwarzen Locken.«

»Markus«, brummelte Laura.

»Aha. Markus. Ich hätt eher auf Hassan oder so getippt. Woher kommt er denn?«

»Aus der Türkei. Aber er ist kein Türke. Er ist Aramäer. Die Leute sind Christen. Und deswegen haben sie Probleme mit den anderen Türken. Weil die alle Moslems sind. Und darum heißt er auch Markus und nicht Hassan«, leierte Laura herunter.

»Du kennst dich ja gut aus. Hat er dir das erzählt?«

»Er hat sogar ein Referat darüber gehalten. Und nachher haben wir einen Test geschrieben: christliche Minderheiten in der Türkei. – Können wir nicht von was anderem reden? Oder noch besser gar nichts. Ich bin müde.«

Für den Rest der Fahrt herrschte Schweigen. Selbst Fridolin döste auf dem hinteren Sitz vor sich hin.

Mit quietschenden Reifen hielt Opa Hermann drei Stunden später vor seinem Haus. »So, das hätten wir. Du bleibst am besten erst mal bei mir. Deine Mutter ist bis morgen Abend auf diesem Lehrgang.«

»Wieso Lehrgang? Was will sie denn auf einem Lehrgang? Sie kann doch nicht mal ...« Im letzten Moment verschluckte Laura das Wort »lesen«. Je weniger Leute davon wussten, desto besser.

»Was kann sie nicht ...?«

»Oh, nichts ... Ich meine nur, sie ist noch nie zu einem Lehrgang gefahren.«

Opa Hermann sah sie prüfend an, wollte etwas sagen, drehte sich dann kopfschüttelnd um und schloss die Tür auf. Im Gästezimmer bezog er das Bett für sie. Laura war froh, dass sie sich hinlegen konnte. Ihr war heiß und ihr brummte der Kopf. Opa Hermann brachte ihr einen Becher Tee.

»Nun schlaf dich erst mal aus. Alles andere kriegen wir schon geregelt. Kommt Zeit, kommt Rat.«

Lauras musste grinsen. Opa Hermann und seine Sprüche. Für jede Lebenslage wusste er einen. Er sollte sich mit Herrn Bennert zusammentun.

14

Als Laura am nächsten Morgen aufwachte, fand sie einen Zettel von Opa Hermann neben ihrem Bett.

Ich bin gleich wieder zurück. Ich mache nur ein paar Einkäufe. Tee ist in der Thermoskanne.

Laura, der es schon viel besser ging, goss sich Tee ein und schmierte sich ein Toastbrot. Während sie gemütlich frühstückte und dabei aus dem Fenster sah, wie Frau Peters in ihrer Wohnung schräg gegenüber das Küchenfenster putzte, beschloss sie, die Gelegenheit zu nutzen, um zu Hause ein wenig in den Unterlagen ihrer Eltern zu stöbern. Bevor die Mutter heute Nachmittag wieder kam, wollte sie ganz klar sehen. Es musste doch irgendeinen Beweis dafür geben, dass es stimmte, was Sarah behauptet hatte.

Opa Hermann besaß einen Ersatzschlüssel zur Wohnung, der für Notfälle unter einem Stein in seinem Garten versteckt lag. Kurze Zeit später wanderte Laura durch die leere Wohnung und überlegte, wo sie mit der Suche beginnen sollte.

Wie hatte Markus doch so schön gesagt: Manche haben Angst vor den Buchstaben. Na toll. Aber wenn ich Angst vor einer Mathearbeit habe, dann hat sie immer so coole Sprüche auf Lager: »Wenn du richtig gelernt hättest, brauchtest du jetzt keine Angst zu haben.« Oder: »Wer in der Schule aufpasst, der kann auch die Arbeiten locker schreiben.«

Laura schlug mit der Faust auf den Tisch, immer wieder und wieder. Sie war so wütend, dass sie kaum atmen konnte. Und dass niemand da war, an dem sie ihren Zorn auslassen konnte, machte die Sache nur noch schlimmer.

Als das Telefon klingelte, rannte sie in den Flur. Bestimmt die Mutter. Na, die konnte was erleben.

»Laura! Ich bin's. Na, wie war Berlin? Hast du dich schön amüsiert?«

»Vater! Hast du gewusst, dass Mutter nicht lesen kann?«

Stille am anderen Ende der Leitung. Dann fragte der Vater vorsichtig:

»Wie kommst du darauf? Wer hat dir das denn gesagt?«
»Hast du es gewusst? Sicher hast du es gewusst. Alle haben es gewusst. Nur ich nicht. Alle haben es gewusst, aber keiner hat geholfen. Ist Mutter deshalb immer besoffen?«
»Sie trinkt? Wieso trinkt sie?«
»Vielleicht kommst du mal nach Hause und fragst sie selber.«
»Laura, wie redest du denn mit mir?«
»Ich hasse euch alle!«
Sie knallte den Hörer auf die Gabel, stieß wütend mit dem Fuß gegen die Kommode.

Der Vater hatte auch nicht zugegeben, dass er Bescheid wusste. Alle hielten sie für blöd. Nicht mit mir, dachte Laura und steuerte auf die Schlafzimmertür zu, die wie immer verschlossen war. Der Schlüssel war abgezogen. Mehr aus Spaß steckte sie den Badezimmerschlüssel ins Schloss und siehe da, die Tür ließ sich öffnen. Ein bisschen mulmig war ihr schon, als sie in das Zimmer ging. Aber eigentlich war die Mutter selber schuld. Sie schloss ihr Zimmer ja auch nicht ständig ab und machte irgendwelche geheimnisvollen Sachen darin.

Der Schreibtisch war sorgfältig aufgeräumt. Auf dem Tisch lag ein Heft. Ein Schreibheft, wie Laura es aus dem ersten Schuljahr kannte. Neugierig fing sie an zu blättern.

Auf der ersten Seite standen Wörter mit A: Ananas, Auto, Aal. Dann kam das B. Eine Reihe großes B, eine Reihe kleines b, dann eine Reihe Baum, Buch, Banane.

Das Heft war bereits halb gefüllt. Auf jeder Seite stand ein Buchstabe mit den entsprechenden Wörtern, geschrieben in einer sauberen, manchmal noch ziemlich krakeligen Handschrift.

Das Übungsheft eines Kindes, so hätte man denken

können, nur Laura wusste es besser. Mutter übt Buchstaben, dachte sie entsetzt. Nicht mal die kann sie richtig! Bis zum H war sie gekommen. Das war ja noch schlimmer, als sie gedacht hatte.

Dass die Mutter schlecht lesen konnte und vielleicht beim Schreiben viele Fehler machte, so wie Janina, damit hatte sie ja nun gerechnet, aber dass sie noch beim Üben des ABCs war, das war nun doch ein weiterer Schock.

Neben dem Heft lag ein Arbeitsbuch. *Keine Angst vor dem ABC* stand darüber. Schreiben und Lesen für Erwachsene. Auch hier war die Mutter bis zum H gekommen. Das Buch enthielt Arbeitsblätter, bei denen man kleine Bilder ausschneiden und weiter hinten neben die entsprechenden Buchstaben kleben konnte. Die Mutter hatte als letztes Bild einen Hahn neben das Wort HAHN geklebt. Darunter hatte sie in ein freies Kästchen ein Haus gemalt und daneben HAUS geschrieben.

Wie furchtbar peinlich, dachte Laura. Kein Wunder, wenn alle lachten, dass sie so eine Mutter hatte. Übungen wie für eine Sechsjährige.

Aber sie musste doch irgendwann zur Schule gegangen sein. Das gab's doch heutzutage gar nicht mehr in Deutschland. Was hatte Emel erzählt? Man wurde sogar von der Polizei geholt, wenn man nicht hinging. Die Mutter musste also zur Schule gegangen sein. Außerdem hatte sie doch immer von ihren guten Noten erzählt. Folglich musste es auch irgendwo ein Zeugnis von ihr geben. Laura schaute sich suchend im Schlafzimmer um. Der Kleiderschrank! Da war die Aktentasche, in der ihr Vater alle wichtigen Dokumente aufbewahrte. Sie durchsuchte sie hastig. Geburtsurkunden, ihre eigenen Zeugnisse, selbst die Zeugnisse des Vaters, einschließlich der Gesellenprüfung, waren sorgfältig in verschiedenfarbigen Mappen abgeheftet. Von der Mutter gab es die Geburtsurkunde, die Heiratsurkunde, einen alten Reisepass, aber kein einziges Zeugnis.

Laura schaute die Papiere ein zweites Mal sorgfältig Blatt für Blatt durch. Nichts! Merkwürdig war das schon, sehr verdächtig.

Sie packte alles in die Aktentasche zurück und wollte sie zurück in den Schrank stellen, als sie ganz hinten eine kleine Schatulle entdeckte. Natürlich abgeschlossen.

Aber das konnte Laura jetzt auch nicht mehr abschrecken. Sie nahm die Schatulle mit in die Küche und versuchte mit einem Messer das Schloss aufzubiegen.

Das Telefon klingelte mehrmals, Laura überhörte es.

Es war mühsam, aber sie schaffte es schließlich. In der Schatulle lagen alte Dokumente, zum Teil schon vergilbt, und jede Menge Todesanzeigen, die Geburtsurkunden ihrer Großeltern, die Heiratsurkunde der Großeltern, Fotos, auf denen man die Menschen nur noch ganz schwach erkennen konnte. Laura warf alles achtlos auf den Tisch.

Ganz unten, in einem verschlossenen Umschlag fand sie es schließlich: das Abgangszeugnis der Mutter. Sie hatte ihre Mutter schon öfter gefragt, ob sie ihr nicht mal ein Zeugnis von sich zeigen könnte, aber sie war immer ausgewichen, hatte gemurmelt, die Zeugnisse müssten irgendwo auf dem Dachboden in einer Tasche liegen, aber genau wüsste sie das auch nicht. Wenn mal viel Zeit wäre, könnte man ja danach suchen. Aber dann war nie Zeit gewesen.

Jetzt, als sie das Zeugnis der Mutter in der Hand hielt, wusste Laura auch, warum sie nie Zeit zum Suchen gehabt hatte. Sie las es Wort für Wort. Und mit jedem Satz, den der Klassenlehrer ihrer Mutter geschrieben hatte, stieg ihre Wut auf die Mutter. *Karin Schaboter wird aus der neunten Hauptschulklasse entlassen. Ein Abschluss konnte nicht erteilt werden, weil ihr die Grundkenntnisse im Lesen und Schreiben fehlen.*

Laura las die Worte zweimal, weil sie es nicht glauben konnte. Nicht mal Hauptschulabschluss! Sie legte das Zeugnis auf den Wohnzimmertisch, setzte sich daneben und wartete. Irgendwann musste Mutter ja nach Hause kommen.

... weil ihr die Grundkenntnisse im Lesen und Schreiben fehlen. Immer wieder las Laura diese Worte und ihr Zorn wurde immer größer. Es war, als würde sie jede Ohrfeige, jeden Hausarrest wegen einer schlechten Note noch einmal erleben. Mit welchem Recht hatte die Mutter sie geschlagen? Sie selber konnte nicht mal richtig lesen.

Warum hatte sie es nicht gemerkt, all die Jahre? Wenn sie jetzt so überlegte, dann hatte es genug Hinweise gegeben. Aber es gab auch immer einleuchtende Erklärungen dafür. Die Mutter las nie ein Buch, nur die Zeitung und auch da nur die Reklame. Aber wer kam schon auf die Idee, dass sie gar nicht viel mehr lesen konnte? Laura war ja auch keine Leseratte. Sie las das Nötigste für die Schule und fertig.

Die chronische Sehnenscheidenentzündung der Mutter hätte ein Hinweis sein können, aber wer rechnet denn damit, dass die eigene Mutter nicht schreiben kann?

Ungeduldig wanderte sie durch die Wohnung. Wo die Mutter bloß blieb? Neben dem Telefon stand der Anrufbeantworter. Solange Laura sich erinnern konnte, hatte die Mutter immer eine Nachricht darauf gesprochen, wenn sie einkaufen ging und Laura nach Hause kam. Eine geschriebene Mitteilung hatte sie nie gesehen. Anfangs, als Laura in der ersten Klasse war, hatte die Mutter gesagt:

»Ich spreche lieber auf Band. Du kannst noch nicht so gut lesen. Dann bin ich sicher, dass du meine Nachricht auch bekommst.«

Ha! machte Laura. Wer konnte hier nicht lesen?

Als sie den Schlüssel in der Haustür hörte, sprang sie auf.

Die Mutter rief ihr fröhlich zu: »Laura! Bist du schon wieder da? Ich hab uns Kuchen mitgebracht!«

Laura kam langsam in den Flur. Statt einer Begrüßung hielt sie der Mutter das Zeugnis unter die Nase.

»Weißt du, was das hier ist?«

Mit Genugtuung sah sie, wie die Mutter kreidebleich wurde.

»Dein Zeugnis! Du erinnerst dich?«, fuhr Laura triumphierend fort. »Oder solltest du es vergessen haben? ... Du hast nicht mal den Hauptschulabschluss. Aber mich schlägst du, wenn ich eine schlechte Note habe. Dabei kann ich wenigstens lesen und schreiben!«

Die Mutter legte eine Hand vors Gesicht. Laura riss sie ihr weg.

»Du brauchst gar nicht zu heulen. Ich hab kein Mitleid mehr mit dir. Ich hab genug von deinen Lügen! Chronische Sehnenscheidenentzündung! Ach ja? Und ich hab dir auch noch geglaubt und dich mit dieser Salbe eingerieben. Du musst mich für ganz schön blöd gehalten haben. Alles Lüge!«

Sie stieß die Mutter beiseite, der Kuchen flog in hohem Bogen durch den Flur, die Haustür knallte hinter Laura zu.

»Laura!«

15

Als das Telefon bei Opa Hermann klingelte, lag Laura längst wieder im Bett und tat, als ob sie schliefe.

Sie hörte Opa Hermanns überraschte Stimme: »Karin! Du bist schon zurück ... Laura? Laura ist hier bei mir. Sie war krank. Ich hab sie aus Berlin geholt. Sie liegt im Bett und schläft ... Wo war sie? Zu Hause? Ich war einkaufen, komme gerade zurück.«

Dann sagte er lange Zeit gar nichts. »Ach, du liebe Güte! Na, ich werd mal mit ihr reden.«

Laura drehte sich zur Wand und stellte sich schlafend. Sie hatte jedenfalls nicht vor, in nächster Zeit mit irgendjemandem zu reden und schon gar nicht über ihre Mutter. Sie hatte den gesuchten Beweis gefunden, dass Sarah in allen Punkten die Wahrheit gesagt hatte. Mehr gab es darüber nicht zu reden.

Sie hörte, wie Opa Hermann die Tür öffnete und leise rief: »Laura!«

Sie rührte sich nicht. Die Tür wurde wieder geschlossen. Die Schritte entfernten sich.

Sie wachte auf, als es an der Haustür klingelte. Vorsichtig schlich sie zum Fenster und schaute durch die Gardine. Markus stand da mit seiner Reisetasche. Laura holte tief Luft. Der hatte ihr jetzt gerade noch gefehlt. Sie hörte Opa Hermanns Stimme im Flur.

»Ach, du bist das! Markus oder so! Stimmt's? Komm doch rein. Wann seid ihr zurückgekommen?«

Markus stellte seine schwere Tasche im Flur ab.

»Gerade eben. Ich wollte mich nur erkundigen, wie es Laura geht.«

»Ganz gut, denke ich. Sie schläft. Soll ich sie wecken?«

Markus schüttelte den Kopf.

»Ich muss nach Hause. Meine Mutter wartet. Sagen Sie ... hat Laura ... hat sie erzählt, was in Berlin passiert ist?«

»Nein! Sie hat überhaupt nicht viel geredet und ich wollte ihr Zeit lassen. Ich hab gehofft, sie erzählt es von sich aus.«

»Sarahs Mutter unterrichtet erwachsene Analphabeten, Lauras Mutter besucht einen Kurs bei ihr ... Meine Mutter ist auch dort ... Sarah hat geplaudert, na ja, die anderen haben Laura verspottet und sie hat es nicht mal gewusst.«

Opa Hermann wackelte mit dem Kopf. »Na, den Rest kann ich mir denken. Jetzt wird mir einiges klar. Willst du nicht doch warten?«

»Besser nicht. Laura ist sowieso schon wütend auf mich, weil ich mich immerzu einmische.«

»Und warum tust du es dann?«

»Na ja, ich weiß doch, wie schlimm das ist. Als ich merkte, dass meine Mutter nicht lesen kann, hab ich mich auch geschämt. Sie hat's früher in der Türkei nicht gelernt. Aber hier in Deutschland, hab ich gedacht, kann es jeder. Ich hab Panik gehabt, dass jemand das erfährt, weil jeder dann denkt, meine Familie ist doof. Ich meine, wenn man hier nicht mal lesen und schreiben kann – das kapiert doch erst niemand, dass es Gründe geben kann, warum einer es nicht lernt. Ich wollte ihr helfen, aber sie will einfach nicht verstehen.«

»Klingt ganz nach Laura«, meinte Opa Hermann. »Sie hat zur Zeit ihre negative Phase. Zu mir ist sie auch nicht besonders freundlich. Aber mach dir nichts draus. Im Grunde ist sie ein lieber Kerl. Nur ein bisschen durcheinander. Das wird schon wieder.«

Was er dann noch sagte, konnte Laura nicht verstehen, aber beide fingen laut an zu lachen. Laura wurde rot. Was hab ich denn erwartet? dachte sie. Da tun sie alle so verständnisvoll und am Ende lachen sie über mich.

Dann wurde die Haustür geöffnet und Markus verabschiedete sich. Sie sah ihm nach, wie er mit seiner schweren Reisetasche die Straße hinunterging. Nach zehn Metern blieb er stehen und nahm die Tasche in die andere

Hand. Eigentlich war es ja doch lieb von ihm, dass er gekommen war, noch dazu mit seiner schweren Tasche.

Wenn er nur nicht gelacht hätte. Das nahm sie ihm sehr übel. Gelacht worden war in den letzten Tagen genug über sie.

Als sie Opa Hermanns Schritte auf dem Flur hörte, hüpfte sie in ihr Bett zurück und zog die Decke über den Kopf. Na, egal, dann lachen jetzt eben alle über mich. Es macht mir überhaupt nichts aus. Wenn ihr wüsstet, wie egal mir das ist! Laura wischte sich zornig die Tränen ab.

»Jetzt hör schon auf zu heulen!«, schimpfte sie mit sich selber. »Du brauchst keinen. Schon gar nicht diesen Markus. Und Opa Hermann auch nicht.«

Dabei hatte er immer zu ihr gehalten, immer geholfen, auch wenn sie etwas verbockt hatte. Immerhin hatte er sie aus Berlin abgeholt. Sonst hätte sie mit der ganzen Klasse zurückfahren müssen. Im Bus hätte sie vor den Bemerkungen von Sarah nicht weglaufen können.

Alle hackten auf ihr herum. Keinem konnte sie es recht machen. Und sie wollte es auch keinem recht machen, jetzt schon gar nicht mehr. Wie hatte Opa Hermann gesagt? »Laura hat ihre negative Phase!« So sah er sie also. Negative Phase. »Ein bisschen durcheinander.«

So ganz Unrecht hatte er gar nicht ... Im Grunde ein lieber Kerl ... Das stimmte zur Zeit auch nicht. Sie war eklig zu allen und das wollte sie auch so ... Und selbst, wenn sie es mal nicht wollte, war sie es. Als ob es gar nicht mehr anders ginge ... Ein bisschen durcheinander ... Zu Opa Hermann würde sie wieder freundlicher sein ... Und zu Markus ... Die beiden konnten nichts dafür ... Aber gelacht hatten sie auch ... Aber vielleicht gar nicht über mich?

16

Opa Hermann weckte sie zum Abendbrot. Er hatte Tomatensuppe gekocht und einen frischen Salat gemacht. Die Brötchen kamen warm aus dem Backofen. Der Tisch war liebevoll gedeckt.

»So, guten Appetit.«

Trotz aller Bemühungen von Opa Hermann blieb Laura schweigsam. Seine Fragen nach Berlin beantwortete sie kurz und ohne ein überflüssiges Wort. Wenn Opa Hermann gehofft hatte, sie würde von sich aus über den letzten Abend dort erzählen, dann hatte er sich gründlich getäuscht.

Nach dem Essen drückte er ihr zwei Zettel in die Hand.

»Die Anrufe sind heute Nachmittag gekommen.« Opa Hermann warf Laura einen prüfenden Blick zu. »Ach ja, und Markus war kurz da. Wollte sich nur erkundigen, wie es dir geht. Ist übrigens ein netter Junge.«

Laura verzog das Gesicht.

»Dein Vater ruft nachher noch mal an. Und diese Chrissie sollst du zurückrufen. Es klang dringend.«

»Ich hab heut keinen Bock auf dummes Gequatsche.«

»Chrissie solltest du aber anrufen. Die schien mir ziemlich sauer auf dich zu sein. Hat was von Geld geredet, das du ihr noch schuldest. Du wüsstest schon Bescheid, hat sie gesagt. Und irgendeine Lieferung sei jetzt angekommen. Also eigentlich hab ich kein Wort verstanden.«

Laura wurde rot. Opa Hermann beobachtete sie besorgt.

»Wenn du dich nicht meldest, kommt sie nachher vorbei. Die hatte es ziemlich eilig mit dem Geld.« Er wartete, dass Laura etwas sagte. Aber Laura starrte nur auf die Tischdecke vor sich und schwieg.

»Sag mal, wie viel Geld schuldest du dieser Chrissie eigentlich? Hast du das Geld überhaupt? Soll ich dir was leihen? Du bist doch immer zu mir gekommen, wenn du in Schwierigkeiten warst ... Laura, sag doch was! Irgendwas stimmt doch hier nicht!«

Laura hielt sich die Ohren zu.

»Lass mich in Ruh!«, schrie sie »Das ist meine Sache! Das geht dich gar nichts an!«

In diesem Moment riss auch bei Opa Hermann der Geduldsfaden. »Jetzt hör mir aber mal gut zu«, schrie er zurück. »Wenn du glaubst, du kannst alle Leute anpöbeln, nur weil du Probleme hast und dir keiner helfen darf ...«

Fridolin, der in seiner Kiste ein Nickerchen gemacht hatte, fuhr erschrocken hoch. Er sprang auf und bellte, so laut er konnte.

Laura biss sich erschrocken auf die Lippe. »Es tut mir Leid, Opa Hermann, das wollte ich nicht. Es ist nur ... Du kannst mir nicht helfen. Das muss ich alleine regeln. Es ist besser, du weißt nichts davon.«

Opa Hermann betrachtete sie nachdenklich.

»Na schön«, meinte er schließlich. »Mehr als dir meine Hilfe anbieten, kann ich nicht.«

Er ging in sein Arbeitszimmer und schloss die Tür hinter sich. Laura sah ihm erleichtert nach. Sie hatte nicht erwartet, dass er so schnell aufgeben würde. Sie setzte sich vor den Fernseher und schaltete von einem Sender zum anderen.

Chrissie würde mit Sicherheit kommen. Sie hatte zwar nie gesagt, dass Laura das Geld innerhalb einer bestimmten Frist zurückzahlen müsse, weil Chrissie eigentlich immer genug Geld hatte. Aber wahrscheinlich war sie jetzt selber pleite oder einfach nur sauer, weil Laura sich nicht mehr gemeldet hatte. Vielleicht hatte sie sich längst eine andere beste Freundin gesucht.

Das Problem war, sie hatte das Geld nicht. Wenn sie bloß nicht den teuren Lack-BH gekauft hätte. Dann hätte sie zumindest eine Anzahlung machen können. Opa Hermann würde ihr das Geld leihen, aber er würde wissen wollen, wofür. Und das konnte sie ihm nicht sagen. Sie hatte einmal miterlebt, was passierte, wenn jemand ausplauderte, dass es in Pit's Schuppen Ecstasy zu kaufen gab. Es war schon zwei Monate her, aber Laura wurde immer noch übel, wenn sie daran dachte.

Sie hatte sich mit Chrissie und ihrer Clique getroffen und sie waren auf dem Weg zu Chrissies Wohnung. Auf dem Weg gab es nur ein Thema: Es hatte eine Polizeirazzia in Pit's Schuppen gegeben. Dabei hatte die Polizei kiloweise Ecstasy gefunden und beschlagnahmt. Pit und ein Kumpel saßen seitdem in Untersuchungshaft und es sah nicht gut aus für sie.

»Es war Verrat und ich weiß auch, wer das war.« Bernd, einer von Chrissies Freunden, hatte sich furchtbar aufgeregt. »Ihr kennt doch den Jürgen, der wollte neulich Stoff von Pit, aber Pit hat gesagt, ohne Cash gibt's nichts mehr. Jürgen hat Pit gedroht, er wollte den ganzen Laden hochgehen lassen, wenn er nichts mehr bekam, aber Pit hat ihn nur ausgelacht. Am nächsten Abend kamen die Bullen.«

Da Bernd wusste, wo dieser Jürgen wohnte, machte sich die ganze Clique auf den Weg zu ihm. Sie warteten in der Nähe der Haustür. Als sie schon anfingen, sich zu langweilen, ging die Tür auf und Jürgen kam heraus. Sie folgten ihm und holten ihn ein. Bernd und die anderen Jungs nahmen ihn in die Mitte. Er wehrte sich, bis Bernd ihm ein Messer in den Rücken hielt. Danach sah er sich noch ein paar Mal nach Hilfe um, traute sich aber nicht mehr zu rufen oder zu schreien.

Bei Chrissies Haus angekommen, schubsten sie den Jungen die Treppe hinauf. Chrissie schloss die Wohnungstür auf. Der nächste Stoß war so heftig, dass Jürgen stolperte und auf dem Bauch den Flur entlangrutschte. Er stieß mit dem Kopf gegen die gegenüberliegende Tür, lag für einen Moment benommen da, bis einer der Jungen mit dem Fuß gegen ihn stieß.

»Los, aufstehen!« Er wurde hochgezerrt und in die Küche auf einen Stuhl gestoßen. Die Clique baute sich rundherum auf.

»Na, was hast du der Polizei denn alles erzählt?«

Jürgen schaute verstört von einem zum anderen.

»Ich weiß überhaupt nicht, was ihr wollt. Ich kenne euch nicht mal.«

»Es reicht, dass wir dich kennen. Und wir wissen genau, was du gemacht hast. Aber wir wollen es von dir persönlich hören ... Na, wird's bald?«

Bernd baute sich drohend vor ihm auf. Jürgen schwieg. Bernd gab ihm einen Tritt. »Hey, sieh mich an, wenn ich mit dir rede! Sollte das etwa ein Zufall sein, dass die Polypen Pit geschnappt haben? Ich will dir was sagen, die haben einen heißen Tip gekriegt. Dreimal darfst du raten von wem?«

»Ich hab überhaupt nichts erzählt!«, schrie Jürgen. Man merkte, dass er in Panik geriet. Auf einen Wink von Bernd brachte Chrissie ein Glas Bier und mehrere Tabletten. »Wenn wir schon für Pit nichts tun können, so werden wir dafür sorgen, dass so 'n kleiner Petzer nicht frei rumläuft.«

Zwei Jungen hielten Jürgen fest.

»Mund auf!«, brüllte Bernd.

Das erste Mal biss Jürgen ihn in den Finger, als er ihm eine Pille zwischen die Zähne schob. Das brachte ihm aber eine so heftige Ohrfeige ein, dass seine Nase anfing zu bluten. Er würgte die nächste Tablette hinunter, musste mit Bier nachspülen.

»Mund auf!«, kommandierte Bernd weiter. »Du wolltest das Zeug doch haben. Jetzt bekommst du's sogar umsonst.«

Diesmal riss Jürgen den Mund weit auf, verschluckte sich, würgte, spuckte die Tablette aus. Bernd schlug ihm mit der Faust auf den Kopf und zwang ihn, die ausgespuckte Tablette ein zweites Mal zu schlucken.

Laura konnte nicht länger zuschauen. Sie rannte aufs Klo und übergab sich. Sie wollte nicht in die Küche zurückgehen, aber Chrissie kam sie nach kurzer Zeit holen.

»Er will, dass wir alle zusehen. Als Warnung. Damit jeder weiß, was passiert, wenn einer bei der Polizei auspackt.«

Als Laura in die Küche zurückkam, hing Jürgen halb ohnmächtig auf dem Stuhl.

»Schafft ihn weg!«, befahl Bernd. »Und legt ihn direkt vor der Polizei ab, damit sie ihn auch ja finden.« Er steckte ihm noch eine Hand voll roter Pillen in die Tasche.

Laura drückte immer nervöser auf der Fernbedienung herum. Wenn sie Opa Hermann nun von Ecstasy erzählte und dass sie dafür das Geld brauchte, weil sie die Bestellung nun mal gemacht hatte? Sie würde die Pillen doch gar nicht nehmen. Hauptsache, Chrissie hatte ihr Geld und ließ sie in Ruhe ... Und wenn Opa Hermann doch zur Polizei gehen würde? Dann war sie dran. Bernd würde sie finden und genauso fertig machen wie Jürgen, der jetzt ebenfalls in Untersuchungshaft saß und auf seinen Prozess wartete.

Währenddessen hatte Opa Hermann im Nebenzimmer eifrig Telefongespräche geführt. Denn wenn Laura nicht so sehr mit eigenen Problemen beschäftigt gewesen wäre, hätte sie wissen müssen, dass er so leicht nicht aufgab.

Zunächst einmal holte er von Herrn Bennert die Telefonnummer von Markus, mit dem er dann längere Zeit sprach und mit den Worten schloss: »Am besten, du kommst gleich vorbei. Diese Chrissie taucht bestimmt heute Abend noch mal auf. Ich warte an der Ecke auf dich.«

Laura beachtete ihn nicht weiter, als er nach Fridolin pfiff und mit den Worten: »Ich dreh nur eine Runde mit Fridolin. Der arme Kerl ist heute noch gar nicht draußen gewesen«, das Haus verließ.

Vielleicht zehn Minuten später klingelte es an der Haustür. Laura fuhr erschrocken hoch. Vorsichtig schlich sie zum Fenster und schaute durch den Vorhang. Chrissie! Sie stand vor der Tür und trampelte ungeduldig von einem Fuß auf den anderen.

Dann klingelte sie noch einmal, ließ ihren Finger auf dem Knopf, so dass es im ganzen Haus hallte. »Laura!«, schrie sie. »Ich weiß, dass du da drinnen bist. Mach auf! Ich will mein Geld!«

Als Chrissie dann ins Beet trat, um durchs Fenster zu schauen, wich Laura kreidebleich Schritt für Schritt zurück. Sie stolperte über einen Stuhl, der mit großem Gepolter umfiel.

»Laura!«

Laura rannte in ihr Zimmer und zog sich die Bettdecke über den Kopf. Dort lag sie und horchte, bis sie plötzlich Schritte hörte. Opa Hermann kam ins Zimmer und zog ihr die Bettdecke vom Kopf.

Laura stellte sich schlafend, aber diesmal ließ er sich nicht täuschen. Er schüttelte sie, bis sie sich aufsetzte. Dann zog er eine kleine Tüte aus seiner Hosentasche, öffnete sie und schüttete den Inhalt in seine Hand.

»Ich kenn mich mit dem Zeug zwar nicht so gut aus, aber ich denk mal, das sind keine Schokoladenbonbons.«

Mit diesen Worten hielt er Laura seine Hand hin. Entsetzt starrte sie auf die drei roten Pillen.

»Wo ... woher hast du die denn?«

»Woher wohl? Gekauft hab ich sie. Von deiner Freundin. Ich hab sie da draußen getroffen. Sie wollte das Geld, das du ihr noch schuldest, und dann hat sie dies hier abgegeben. Natürlich auch nur gegen Bares. Erst wollte ich es gar nicht nehmen, aber sie sagte, bestellt ist bestellt. Also hab ich deine Schulden bezahlt und ihr das Geld für die neuen Pillen gegeben.«

Laura war schlecht vor Angst.

»Was hat sie denn gesagt ... ich meine, dass du Bescheid weißt. Sie denkt doch bestimmt, dass ich dir alles über Ecstasy verraten hab. Und ich weiß, was die mit Leuten machen, die nicht dichthalten. Sie wird bestimmt ihre Freunde ...«

»Keine Sorge, das hat Markus schon geregelt.«

»Markus??«

»Denkst du etwa, ich verhandle mit jemandem wie Chrissie alleine? Ich wusste doch auch gar nicht genau, was sie eigentlich von dir wollte. Ich kenn mich mit solchen Sachen überhaupt nicht aus. Aber Markus, der hat sie ganz schön unter Druck gesetzt. Und als ich ihr das Geld gezeigt habe, hat sie die Pillen gleich rausgerückt. Markus hat ihr dann noch gesagt ... das heißt gedroht hat er ihr ...« Laura stöhnte entsetzt auf. Bernd würde bloß lachen über so eine Drohung.

»Also ich denke, diese Chrissie wird kein Wort weitererzählen. Sie hat das Geld genommen und ist verschwunden. Sogar ziemlich hektisch, weil Fridolin sie ein Stück verfolgt hat.«

Opa Hermann kicherte ein wenig bei der Erinnerung. Laura fand das überhaupt nicht witzig. Ihre Schulden war sie jetzt zwar los, dafür hatte sie jetzt ein anderes Problem.

»Was hat er denn gesagt ... ich meine, weil ich das Zeug genommen habe ...?«

»Da musst du ihn schon selber fragen. Aber ich denke, wir werden diese hier erst mal vernichten. Obwohl ich noch nie soviel Geld in den Müll geworfen habe.«

»Danke ... ich ...«

»Danke reicht diesmal nicht.« Opa Hermann zog sich einen Stuhl neben das Bett und setzte sich. »Warum hast du sie überhaupt genommen? Bei deiner Mutter regst du dich immer so auf, wenn sie trinkt und die Kontrolle verliert.«

»Das ist doch was ganz anderes. Ich tue keinem was. Ich nehm das Zeug nur, wenn ich in der Disco Spaß haben will, und manchmal während der Woche ...« Laura stockte.

»Und manchmal während der Woche?«

»... wenn ich den Stress nicht ertragen kann. Du hast ja keine Ahnung, wie das ist, wenn immerzu alles schief geht. In der neuen Klasse mag mich keiner. Bessere Noten schreib ich auch nicht und jeden Tag gibt's Ärger zu Hause, weil Mutter immer was zu meckern hat. Es ist einfach alles ätzend.«

»Und wenn du diese Pillen nimmst, dann schreibst du bessere Noten und alle mögen dich?«

Laura funkelte ihn böse an.

»Ich merk es dann wenigstens nicht. Und am Wochenende auf der Raveparty nehmen alle meine Freunde Ecstasy. Das gehört einfach dazu. Du hast keine Ahnung, was das für eine Stimmung ist auf so einer Raveparty. Alle sind freundlich zueinander. Es ist, als würde man alle kennen, wie in einer großen Familie. Aber in einer, wo keiner den anderen schlägt, wo keiner rumschreit, keiner Stress macht. Du kannst einfach alles vergessen, die Schule, die Lehrer, Mutter. Es ist mir dann alles egal. Ich fühl mich einfach gut, hab so richtig power. Es macht mir nichts mehr, wenn sie alle meckern.«

»Genau wie deine Mutter. Eine Pille oder ein Glas, damit man sich gut fühlt, wo ist da der Unterschied?«

»Ich schlage keinen.«

»Richtig. Du schlägst nicht mit der Hand. Aber Worte können genauso verletzen. Was war denn heute Mittag? Als du ihr das Zeugnis unter die Nase gehalten hast? Ein Schlag ins Gesicht. Deine Mutter hat ihr ganzes Leben lang darunter gelitten, dass sie nicht lesen und schreiben gelernt hat.«

»Aber ...«

»Kein aber! Jetzt hörst du mir gefälligst einmal zu!«, brüllte Opa Hermann. Zum zweiten Mal an diesem Tag erlebte sie ihn so richtig verärgert. Erschrocken fuhr sie zusammen.

»Sie hat endlich den Mut gefunden, sich bei einem Kurs anzumelden. Alleine hinzugehen hat sie sich dann nicht getraut. Also hab ich sie begleitet. Aber jetzt geht sie regelmäßig und macht riesige Fortschritte. Dann kommt sie nach Hause und du stehst da mit diesem Zeugnis in der Hand. Was war das denn?«

»Ich weiß ... Ich wollte das auch nicht ... Aber ich war so böse auf sie ... Ich hatte doch keine Ahnung ...«

Opa Hermann unterbrach ihr Gestotter. »Eben, du hattest keine Ahnung. Okay, das ist für dies eine Mal eine Entschuldigung. Aber ein zweites Mal reicht das nicht. Und darum wirst du jetzt dies hier lesen.«

Er holte eine dünne Mappe aus der Schreibtischschublade. »Und bitte sorgfältig lesen. Deine Mutter hat mir ihre Geschichte erzählt und ich hab sie aufgeschrieben. Wir haben beide gehofft, dass sich eine Gelegenheit ergibt, sie dir zu geben. Aber deine Mutter hat sich zu sehr vor dir geschämt. Sie hat gemeint, du würdest sie doch nicht verstehen können, vor allem weil sie so streng zu dir war, wenn du schlechte Noten nach Hause gebracht hast. Also los. Lies das!«

»Erpressung!«, murmelte Laura.

»Meinetwegen!«, sagte Opa Hermann und grinste sie an. »In diesem Fall halte ich es mit dem alten Sprichwort: Der Zweck heiligt die Mittel! Komm, Fridolin, wir drehen eine Runde, damit Laura beim Lesen nicht gestört wird.«

Fridolin war zwar ein wenig verwundert, dass er schon wieder spazieren gehen sollte, aber er trottete folgsam hinter Opa Hermann her.

17

Laura verzog sich mit der Mappe ins Gästezimmer. Sie warf sie aufs Bett und setzte sich davor.

Meine Geschichte
stand in großen Druckbuchstaben auf der ersten Seite. Laura blätterte weiter.

Wir waren zu Hause vier Kinder, schrieb die Mutter weiter. Ich war die Jüngste. Meine Geschwister haben in ihrem Leben alle etwas erreicht. Mein Bruder Jakob ist sogar Lehrer geworden. Nur ich hatte immer Probleme in der Schule. Dabei bin ich die ersten zwei Monate gerne hingegangen. Ich mochte die Lehrerin und hatte eine Menge Freunde.

Als ich drei Monate in der Schule war, zogen wir das erste Mal in eine andere Stadt um. Mein Vater hatte eine Stelle bei einer Mineralölgesellschaft bekommen. Nach zwei Jahren Arbeitslosigkeit hatte er endlich wieder Arbeit. Die ganze Familie war froh, auch wenn es bedeutete, dass wir von jetzt an häufiger umziehen mussten, je nachdem, wo mein Vater eingesetzt wurde.

Von Bremen nach Essen, dann in die Nähe von Frankfurt, dann nach Hamburg. Allein dreimal Schulwechsel in den ersten zwei Schuljahren, das war zu viel. Ich trauerte die ganze Zeit meiner alten Lehrerin und meinen Freunden aus der ersten Schule nach.

Jedes Mal gab es neue Bücher und neue Methoden, um Lesen zu lernen. Mal hatte die Klasse, in die ich kam, mit Druckschrift angefangen und ich hatte Schreibschrift gelernt, in einer anderen Klasse hatte der Lehrer mit der »vereinfachten« Ausgangsschrift angefangen. Druckschrift, Schreibschrift, vereinfachte Ausgangsschrift.

Irgendwann hab ich aufgegeben.

Da die neuen Lehrer mir immer Zeit zum Eingewöhnen gaben, stellte sich erst nach Wochen heraus, dass ich nicht lesen und schreiben konnte.

Ich musste die dritte Klasse wiederholen, aber keiner hatte Zeit, mir noch Lesen beizubringen. Das konnte man einfach in der dritten Klasse. Ich war die Größte und Dummste in der Klasse. Das war die Meinung des Lehrers und meiner Klassenkameraden.

Und irgendwann war ich selber auch davon überzeugt, dass sie Recht haben müssen.

Meine Mutter machte einige Male am Wochenende den Versuch, es mir beizubringen, aber sie arbeitete wieder und musste sich am Wochenende um den Haushalt kümmern.

»Lesen und schreiben lernt jeder!«, beruhigte mein Vater mich immer. »Du bist halt ein Spätentwickler. Es kommt noch, du wirst sehen.«

Aber es kam nicht. Ein Lehrer versuchte mich in die Sonderschule abzuschieben. Aber sein Antrag wurde abgelehnt, nachdem eine Psychologin mich getestet hatte und weder eine Lernbehinderung noch Auffälligkeit im Verhalten festgestellt hatte.

Der Lehrer war darüber verärgert, weil ich seiner Meinung nach den ganzen »Laden« aufhielte. Er hat mich dann nach vorne zitiert und vor allen gesagt: »Du kannst es, du willst nur nicht. Das werde ich dir von nun an abgewöhnen.«

In der Schule war ich mündlich ganz gut, konnte aber keine Arbeit, kein Diktat schreiben. Selbst Rechenarbeiten wurden ein Problem, sobald ein Text dabei stand.

Irgendwann fing ich an zu schwänzen. Was hab ich für Strafen bekommen: Hausarrest, Prügel. Am Ende bekam ich das Zeugnis ohne einen Abschluss. Ich wurde ausgeschult, weil ich zu alt war. Meine Schulpflicht war zu Ende. Ich denke, dass alle Lehrer froh waren, als ich ging. Ich war der erste Misserfolg an der Schule.

An der offiziellen Abschlussfeier habe ich nicht teilnehmen sollen wegen der »Peinlichkeit für alle Beteiligten«. So hat es der Rektor meiner Mutter erklärt und mir war es recht so.

Ich war die Einzige in meiner Klasse, die keinen Abschluss bekam. Das war bis dahin an meiner Schule noch nie vorgekommen. Darauf war der Rektor sehr stolz. Und dann kam ich. Eine Schande für die ganze Schule. Das hat man mich spüren lassen.

»Na, da haben wir ja unser Dummerchen!«, hat der Rektor ausgerufen, als ich am letzten Schultag ängstlich ins Sekretariat gekommen bin. Die anwesenden Lehrer und zwei Schüler lachten. Er hat mir das Zeugnis in die Hand gedrückt und gesagt: »Du wirst als der erste Misserfolg dieser Lehranstalt in die Akten eingehen. Aber die Schuld musst du schon bei dir selber suchen. Du hast deine Chance gehabt wie alle anderen auch. Und eins weißt du hoffentlich: Was Hänschen nicht lernt, lernt Hans nimmermehr!, wie es so schön in einem alten Sprichwort heißt. Vorbei ist vorbei!«

Diese Worte habe ich nie vergessen. Manchmal träume ich noch heute, dass ich wieder vor ihm stehe. Dabei ist er bestimmt längst tot. Damals habe ich mir vorgenommen, nie wieder eine Schule zu betreten.

Ich hab dann in verschiedenen Firmen Geld verdient, als Putzfrau oder im Lager. Bei einer dieser Stellen hab ich auch meinen Mann kennen gelernt. Er hat es von Anfang an gewusst. Er fand es nicht so schlimm, hat den ganzen Papierkram für uns beide erledigt.

Ich blieb nie lange bei einer Firma. Nach kurzer Zeit fiel es immer irgendjemandem auf. Manchmal ging ich schon, bevor sie anfangen konnten zu lachen. Vielleicht hätten sie es ja gar nicht getan, ich weiß es nicht. Erlebt hab ich es nur einmal, wie sich Kollegen über mich lustig machten. »Da kommt unsere kleine Doofe«, wurde ich eines Morgens empfangen. Und ich hatte überhaupt keine Ahnung, dass sie es herausbekommen hatten.

Von da an hatte ich auch bei unseren Freunden Angst. Manchmal machten sie eine Bemerkung und ich war sicher, jetzt wissen sie es. Dann hab ich jeden Kontakt abgebrochen.

Mein Mann konnte mich immer weniger verstehen. Er wollte, dass ich einen Kurs machte. Aber ich war sicher, es sei zu spät. Immer öfter gab es Streit, er ging alleine weg, ins Kino, zu Freunden. Und dann bekam er das Angebot, im Außendienst zu arbeiten. Ich glaube, er war froh, dass er fahren konnte.

Einmal hab ich tagelang das Haus nicht verlassen, weil mich die Kassiererin im Supermarkt gefragt hatte: »Na, haben Sie schon unsere Sonderangebote gelesen?«

Ich hab mir eingebildet, sie lächelte dabei so merkwür-

dig. Und die anderen Leute an der Kasse haben mich auch angestarrt. Alle wissen es, hab ich gedacht und bin nach Hause gerannt. Vor unserem Haus traf ich den Zeitungsboten, der mir ein Freiexemplar schenken wollte. Das macht er immer, wenn er eins übrig hat. Aber ich hab geglaubt, er wollte sich über mich lustig machen.
Dann hab ich angefangen zu trinken.
Wegen Laura hab ich jetzt meinen Schwur gebrochen, gehe doch wieder zur Schule. Ich weiß inzwischen, dass es vielen so ähnlich gegangen ist wie mir. Und ich weiß, dass es ist nie zu spät ist, um anzufangen. Es klappt auch viel besser, als ich es gedacht habe. Eines Tages, wenn ich es kann, werde ich Laura alles erzählen, obwohl ich davor die meiste Angst habe. Ob sie es jemals verstehen wird? Ich war oft so wütend, wenn sie schlechte Noten in der Schule hatte. Ich hab sie sogar geschlagen. Ich hatte Angst, dass es ihr so geht wie mir. Und ich konnte ihr doch nicht helfen. Manchmal hat sie mich gebeten, sie Vokabeln abzufragen. Ich hab immer eine Ausrede gefunden, aber es hat mich total fertig gemacht...«
»Laura! Dein Vater ist am Telefon.«
Nur langsam drang Opa Hermanns Stimme zu Laura durch. Sie legte die Mappe beiseite und ging zu ihm. Er reichte ihr den Hörer. »Warum hast du es ihr nicht beigebracht?«, fragte sie statt einer Begrüßung.
»Verflixt, Laura. Das kann ich am Telefon nicht erklären. Ich komme am Wochenende. Dann reden wir über alles. Opa Hermann hat mir gerade von dem Durcheinander bei euch erzählt.«
»Du tust grad so, als ob du unschuldig daran bist. Hast du es wenigstens versucht? Ich mein, du kennst sie doch schon so lange. Da muss man doch versuchen, ihr zu helfen. Du hast einfach nur zugeschaut oder weggeschaut. Und als es dir zu viel wurde, bist du abgehauen.«

»Jetzt hör aber auf, Laura. Ich hab's doch versucht. Ehrlich. Jeden Abend hab ich mit ihr geübt. Aber ich war auch müde von der Arbeit. Und dann ich bin eben kein Lehrer. Ein Kinderbuch von dir sollte sie lesen. Ich bin fast verrückt geworden, weil sie so lange für eine Zeile brauchte. Und als sie es dann mühsam herausgebracht hatte, wusste sie nicht mal mehr, was sie gelesen hatte. Ein paar Wochen hab ich durchgehalten. Aber irgendwie ging es nicht vorwärts. Und dann hab ich die Nerven verloren. Ich hab sie angeschrien ... Und das war's dann.«

»Und Mutter? Was hat sie gesagt?«

»Sie hat das Buch in den Müll geworfen. ›Dumm bleibt dumm‹, hat sie gesagt. ›Ich hab gewusst, dass ich es nie lerne.‹«

»Aber es hat schon lange Kurse gegeben, wo man das lernen kann. Warum hast du ...?«

»Sie wollte einfach nicht mehr. Erst jetzt, wo sie diese Sendung gesehen hat, hat sie eingesehen, dass es kein Geburtsfehler ist, wenn man nicht lesen kann. Lass uns am Wochenende weiterreden, Laura. Ich hab kein Geld mehr.«

18

Am nächsten Morgen wachte Laura erst spät auf. Als sie aus dem Fenster schaute, sah sie ihre Mutter gegenüber aus dem Haus kommen. Sie ging langsam die Straße hinunter, aber Laura konnte an ihrem Gang erkennen, dass sie getrunken haben musste. Typisch, dachte sie, jedes Mal, wenn es Probleme gibt, kennt Mutter nur eine Lösung: das Problem in Alkohol zu ersäufen. Und doch hatte sie diesmal ein schlechtes Gewissen, als sie der Mutter nachsah.

Opa Hermannn saß im Sessel und las Zeitung, als Laura ins Zimmer kam. Er kochte ihr einen Cappuccino und stellte ihn auf den Frühstückstisch. Das Gespräch von gestern erwähnte er mit keinem Wort.

»Ich weiß ja nicht, was du vorhast«, meinte er schließlich. »Von mir aus kannst du noch hier bleiben, aber dann solltest du deine Schulsachen holen. Schließlich hast du keine Ferien. Dein Klassenlehrer hat schon zweimal angerufen. Ich denke, ab morgen ...«

Laura nickte. Das musste ja kommen. Sie hatte eigentlich schon für heute damit gerechnet, dass sie in die Schule gehen sollte, war aber dankbar für den Aufschub, denn sie wusste nicht so recht, wie sie den anderen begegnen sollte. In Gedanken hatte sie das Wiedersehen mit ihrer Klasse allerdings schon mehrfach durchgespielt.

Einmal auf die coole Art. »Hey, wie war's die letzten Tage in Berlin? Habt ihr euch noch neue Blasen holen müssen?« Aber irgendwie hätte das wohl nicht die richtige Wirkung auf ihre Mitschüler. Die coole Art sollte sie besser eine Weile vergessen. Dann kam noch die »So-tun-als-ob-nichts-gewesen-war-Art«. Aber die würde nur funktionieren, wenn die anderen mitspielten, was sie mit Sicherheit nicht tun würden. Die zerknirschte Art, um Mitgefühl zu erwecken, damit man sie in Ruhe ließ, diese Art lag Laura nicht. Und weiter war ihr nichts eingefallen.

Sie zog Jeans und Pullover an und rannte über die Straße in die Wohnung, um ihre Schulsachen und frische Kleidung zu holen, ehe die Mutter wieder kam. Sie hatte ein wenig Angst vor der Begegnung mit ihr. Nicht etwa wegen der Sache mit dem Zeugnis. Nein, da fühlte sie sich im Recht. Schließlich hatte man sie jahrelang betrogen und jetzt auf einmal sollte sie Verständnis für alles haben. Dabei hätte man ihr die Wahrheit auch jetzt verschwiegen, wenn sie nicht durch einen dummen Zufall von selbst dahinter gekommen wäre.

Als sie die Wohnungstür aufschloss, blieb sie erschrocken stehen. An den leisen Alkoholgeruch, der eigentlich immer über der Wohnung schwebte, hatte sie sich schon fast gewöhnt, aber die Alkoholwolke, die ihr an diesem Morgen entgegenwehte, war außergewöhnlich. Hustend lief sie von Fenster zu Fenster und riss sie auf.

Im Wohnzimmer sah es aus, als hätte eine Bombe eingeschlagen. Ein Teller mit Pizzaresten stand neben einer fast leeren Whiskyflasche auf dem Tisch. Daneben und auf dem Boden lagen die Scherben von einem zerbrochenen Trinkglas und mehrere Bierdosen. Der ganze Boden aber war mit Papierschnitzeln übersät. Große, kleine, halbe Seiten, ganze Hefte hatte die Mutter zerrissen und auf den Boden geworfen.

Laura hob einen Schnipsel auf. Sie erkannte ihn sofort wieder. Es war ein Teil aus dem Heft mit den Schreibübungen. Laura starrte ihn an.

In diesem Moment klingelte es an der Tür. Laura wollte zwar nicht öffnen, aber das Klingeln hörte nicht auf. Vielleicht war es ja die Mutter, die ihren Schlüssel vergessen hatte.

Vor der Tür stand eine fremde Frau. »Du bist sicher Laura«, sagte sie und streckte ihr die Hand entgegen. »Ich bin Sarahs Mutter. Ich wollte mal schauen, wie es deiner Mutter geht. Darf ich reinkommen?«

Ehe Laura antworten konnte, stand die Frau auch schon im Flur. Sarahs Mutter. Wenn sie einen Menschen jetzt nicht gebrauchen konnte, dann war das Sarahs Mutter. Sarah war doch an dem ganzen Ärger schuld, den sie jetzt mit der Klasse hatte.

Laura blieb neben der offenen Tür stehen. Sarahs Mutter sollte ruhig merken, dass sie nichts mit ihr zu tun haben wollte. Ein Fenster schlug zu, eine Tür knallte.

»Ich glaube, wir sollten die Haustür besser schließen, sonst zieht es«, meinte Sarahs Mutter und tat es auch gleich, als sie merkte, dass sich Laura nicht vom Fleck rührte.

»Ist deine Mutter da?«

»Nein.«

»Sie hat mich heute Morgen angerufen. Sie sei krank und könne nicht kommen. Aber sie klang so merkwürdig und daher dachte ich, ich sollte mal vorbeischauen.«

»Sie ist nicht da.«

»Ist sie zum Arzt gegangen?«

»Ich weiß nicht. Ich wohne zur Zeit nicht hier.«

Sarahs Mutter warf ihr einen erstaunten Blick zu.

»Aber du bist doch Laura, Karins Tochter, oder?«

Karins Tochter. Wie sich das anhörte. Aber die Frau war ja schließlich die Lehrerin ihrer Mutter. Wahrscheinlich duzte sie alle ihre Schüler, auch wenn die schon erwachsen waren. Na, die Übungen waren ja auch eher was für Kleinkinder. Banane, Bus, Baum. H wie Hahn und Haus.

Die Frau schaute sie noch immer erwartungsvoll an.

»Ich wohne zur Zeit im Haus gegenüber«, erklärte Laura widerwillig. Was ging das Sarahs Mutter eigentlich an? »Meine Mutter ist vor zwei Stunden weggegangen. Ich hab's vom Fenster aus gesehen. Mehr weiß ich auch nicht.«

Sarahs Mutter ging den Flur entlang. Laura überholte sie und knallte ihr die Tür zum Wohnzimmer direkt vor der Nase zu. Das hatte ihr gerade noch gefehlt, dass Sarahs Mutter das Chaos und die Flaschen sah. Morgen wusste es dann die ganze Klasse.

Sie konnte die anderen schon lachen hören. Lauras Mutter ist nicht nur doof, sie säuft auch. Lauras Magen krampfte sich zusammen.

Sarahs Mutter schaute sie verwundert an. Sie schnupperte kurz und Laura sah ihrem erschrockenen Gesicht an, dass sie ihr Geheimnis erraten hatte.

»Hat sie wieder getrunken? Ich weiß, dass deine Mutter manchmal trinkt, Laura«, sagte sie dann leise. »Sie hat es mir selber erzählt. Aber es kommt nur noch ganz selten vor, sagt sie.«

Als sie sah, wie Laura ihre Lippen fest zusammenkniff, fuhr sie fort: »Vor mir brauchst du keine Angst zu haben. Von mir erfährt das keiner.«

»Außer Sarah. Und dann weiß es morgen wieder die ganze Klasse!«, schrie Laura sie wütend an.

Sarahs Mutter nickte.

»Verstehen kann ich schon, dass du wütend bist. Was glaubst du, wie böse ich auf Sarah bin, weil sie den Mund nicht gehalten hat? Sie hat deine Mutter zufällig gesehen, als sie mich eines Mittags abholen wollte. Aber ich hatte ihr erklärt, warum sie niemals darüber reden darf. Ich weiß, dass deine Mutter dir nichts gesagt hat. Dein Vater weiß Bescheid, auch Opa Hermann, oder wie ihr ihn nennt. Das ist wirklich ein sehr verständnisvoller Mann. Der ist sogar am ersten Tag mit ihr zur Anmeldung gekommen, weil sie sich alleine nicht getraut hat.« Laura schnaubte empört. Genau das hatte sie ja geahnt. Alle hatten es gewusst, nur sie nicht.

»Sie hat sich vor dir geschämt, Laura.«

»Geschämt«, machte Laura verächtlich. »Sie hätte mich für meine schlechte Noten nicht mehr schlagen können, wenn ich das gewusst hätte. Oder glauben Sie, ich lass mich von jemandem schlagen für 'ne Fünf in Englisch, der selber nicht mal Deutsch lesen kann?«

»Niemand darf dich schlagen wegen schlechter Noten oder etwas anderem.«

»Das sollten Sie vielleicht in ihrem Unterricht mal meiner Mutter beibringen. Die sieht das nämlich total anders.«

»Das tue ich ja. Indirekt. Laura, wenn deine Mutter erst mal richtig lesen und schreiben kann, dann fühlt sie sich auch sicherer, und dann kann sie mit dir in Ruhe über ihre Angst reden, dass es dir genauso gehen könnte wie ihr, wenn du in der Schule nicht mitkommst.«

Als Laura keine Antwort gab, fuhr sie fort. »Alles, was mit Schule, Arbeiten und Noten zusammenhängt, macht ihr Angst. Sie hat sich da in den letzten Jahren richtig reingesteigert. Und wenn du dann mit einer schlechten Note nach Hause kommst und sie die mit roter Tinte geschriebene Fünf sieht, dann flippt sie aus. Das ist nicht normal, das wissen wir auch. Aber jetzt, wo sie selber kleine Erfolge hat, wird sie nicht mehr so schnell ausrasten oder trinken.«

»Ach, glauben Sie das wirklich? Dann schauen Sie mal hierher.«

Mit Schwung öffnete Laura die Wohnzimmertür. Da sie das Fenster dort noch nicht geöffnet hatte, schlug ihnen der Alkoholnebel voll ins Gesicht. Laura sah befriedigt, wie Sarahs Mutter nach Luft schnappte und zu husten anfing. Sie rannte zum Fenster und riss es auf.

Dann drehte sie sich um, betrachtete für einen Moment das Chaos und bückte sich, um die Bierdosen aufzusammeln.

»Wo ist euer Mülleimer? Und Besen und Kehrblech könnten wir auch brauchen für die Scherben.«

Laura holte Mülleimer, Besen und Kehrblech aus der Küche und stellte alles kommentarlos vor Sarahs Mutter hin. Sie verstand zwar nicht, warum die hier die Putzfrau spielen wollte, aber wenn sie glaubte, dass Laura sich daran beteiligen würde, den ganzen Müll, den die Mutter im Suff verursacht hatte, wegzuräumen, dann hatte sie sich getäuscht.

Damit würde sie erst gar nicht anfangen. Wenn die Mutter in ihrem Rausch solch ein Durcheinander anrichtete, sollte sie das gefälligst selber wegmachen. Damit sie wenigstens merkte, was sie anstellte, wenn sie besoffen war. Laura glaubte ohnehin nicht, dass die Mutter auf einmal mit dem Trinken aufhören würde, nur weil sie jetzt das große H schreiben konnte.

Sie setzte sich in einen Sessel und sah Sarahs Mutter beim Saubermachen zu. Mal sehen, was die dazu sagen würde. In Gedanken legte sich Laura schon Antworten zurecht. Die Frau schien aber gar nicht mit ihrer Hilfe gerechnet zu haben. Sie sammelte die Bierdosen auf, fegte die Scherben zusammen und wischte das halb getrocknete Bier vom Boden.

Laura wurde immer unsicherer. Sie schämte sich ein wenig, als Sarahs Mutter auf den Knien auf dem Boden herumrutschte und die Papierschnipsel aufklaubte. Ihre Aufgabe war das ja eigentlich auch nicht. Herr Bennert sammelte nicht mal ein einziges Papierkrümelchen selber auf. Er zeigte nur mit seinem Finger darauf und meinte: »Ich zähle bis drei, dann ist es verschwunden.« Na ja, und irgendeiner sprang dann auf und entfernte es.

Laura rutschte unruhig auf dem Sessel hin und her. Aber jetzt konnte sie doch unmöglich noch aufstehen und mithelfen. Also blieb sie sitzen.

Endlich war Sarahs Mutter fertig. Sie ließ sich erschöpft in einen Sessel fallen und sagte: »Jetzt könntest du mir etwas zu trinken anbieten. Sprudel oder einfach Wasser.«

Laura war froh, endlich etwas tun zu können. Sie holte

ein großes Glas und eine Flasche Zitronenlimonade aus dem Kühlschrank und goss Sarahs Mutter ein.

»Ich verstehe einfach nicht, warum deine Mutter das gemacht hat?«, meinte Sarahs Mutter auf einmal. »Sie schien so zufrieden in den letzten Tagen. Und sie hatte große Fortschritte gemacht. Stell dir mal vor, sie hat sich sogar für den Vorbereitungskurs für den Führerschein angemeldet. Sie meinte, dann könnte sie dich öfter fahren, wo doch euer Auto die ganze Woche über nutzlos herumsteht. Und das Einkaufen mit dem Fahrrad sei auch so mühsam.«

»Führerschein!«, lachte Laura verächtlich. «Und dabei kann sie nicht mal schreiben. Ich hab ihre Hefte gesehen. Sie übt gerade das H. Bei der Prüfung muss man aber mehr können als das. Kurve, Kreuzung, Polizist, Parkuhr. Sie kann noch nicht mal die Anfangsbuchstaben.«

»Du kennst dich gut aus, was?« Zum ersten Mal klang die Stimme von Sarahs Mutter verärgert. »Kein Wunder, dass deine Mutter sich nicht getraut hat, mit dir darüber zu reden.«

Laura bekam einen roten Kopf. Schließlich hielt sie es nicht länger aus. »Das mit dem Trinken gestern, das ist meine Schuld, glaube ich. Ich hab nach ihren Zeugnissen gesucht. Ich wollte wissen, ob es stimmt, was Sarah und Nicole erzählt haben. Es hätte ja sein können, dass sie mich nur ärgern wollten. Na ja, ich hab sie gefunden. Nicht mal den Hauptschulabschluss hat sie.«

»Hast du es ihr gesagt? Dass du Bescheid weißt?« Laura nickte. »Ich hab ihr das Zeugnis vor die Nase gehalten. Ich war so wütend. Irgendwie hatte ich gehofft, dass alles nicht stimmt, und dann war ich so böse auf sie, weil sie mich für jede schlechte Note geschlagen hat und selber ...«

»Na, das erklärt ja einiges!«, meinte Sarahs Mutter und schaute Laura vorwurfsvoll an. »Du hast mit Erfolg das kaputtgemacht, was wir mühsam in den letzten Wochen aufgebaut haben. Gratuliere!«

Laura biss sich auf die Lippen.

»Du scheinst zu glauben, dass Menschen, die nicht lesen können, dumm oder faul sein müssen. Es gibt ganz andere Gründe dafür. Im Kurs von deiner Mutter ist zum Beispiel ein Mann, der Linkshänder ist. Heutzutage weiß man, dass man einen Schüler, der alles mit der linken Hand macht, auch mit der linken Hand schreiben lassen muss, weil es im Gehirn so angelegt ist. Als Peter aber in der Schule schreiben lernen sollte, ist der Lehrer vor ihm stehen geblieben und hat gesagt: ›Wir schreiben mit der guten Hand. Und das ist diese da.‹ Er hat mit seinem Stock auf Peters rechte Hand getippt. Und von da an hat er ihn beobachtet. Wenn Peter dann doch ganz spontan die linke Hand zum Schreiben nehmen wollte, hat er ihm mit dem Stock auf die Finger geschlagen. Und als das nichts half, hat er eines Morgens einen Nagel aus seiner Tasche geholt und ihn mit dem Hammer in die Bank geschlagen. Daran hat er Peters Hand mit einem alten Tafellappen festgebunden.«

Lauras Augen wurden immer größer. »Er hat die Hand für die ganze Stunde festgebunden?«

»Nicht nur eine Stunde, wochenlang hat er das gemacht, jeden Tag zu Beginn der Schreibstunde. Darum hat Peter ja auch vierzig Jahre gebraucht, um seine Angst vor den Buchstaben zu überwinden.

Als deine Mutter vor vier Wochen zu unserer Erstberatung kam, hat sie gesagt, sie könne überhaupt nicht lesen. Und dann hat sich herausgestellt, dass sie gar nicht so schlecht ist. Es dauert nur unendlich lange, bis sie einen Satz geschafft hat. Und bei langen Sätzen hat sie am Ende vergessen, was am Anfang gestanden hat. Es fehlt ihr beim Lesen einfach die Übung. Ihr Hauptproblem ist das

Schreiben. Weil sie nicht richtig lesen kann, hat sie natürlich auch nie richtig schreiben gelernt. Einzelne Buchstaben und kurze Wörter schon, aber keine langen Wörter oder gar Sätze mit Nebensätzen. Wir sagen dazu: Halbalphabet. Damit hat sie mehr Kenntnisse als viele andere, die zu uns kommen. Sie wurde sogar in unseren Hauptkurs eingestuft.«

Soll ich darauf jetzt auch noch stolz sein, dachte Laura. Halbalphabet. Meine Mutter ist ein Halbalphabet. Das klingt nun auch nicht besser als Analphabet.

»In der Klasse lachen sie trotzdem über mich.«

»Sarah hat mir erzählt, was auf der Klassenfahrt passiert ist. Was glaubst du, wie ärgerlich ich auf sie war. Gerade sie hätte es besser wissen müssen. Wer lacht, hat im Grunde überhaupt keine Ahnung. Es gibt viele Gründe, warum auch bei uns Erwachsene nicht lesen und schreiben können. Aber es gibt keinen Grund, warum sie es nicht noch lernen sollten. Wenn deine Mutter so weitermacht wie bisher, dann hat sie es bald geschafft. Sie liest doch jetzt schon kleine Artikel in der Zeitung. Für dich ist das vielleicht nicht viel, aber für deine Mutter sind das riesige Fortschritte. Sie hatte so viele Pläne, wollte den Hauptschulabschluss nachholen, den Führerschein machen. Aber jetzt ...«

»Was ist jetzt?«, fragte Laura ungeduldig. »Sie hat getrunken. Das hat sie doch oft gemacht.«

»Aber diesmal hat sie ihre Hefte zerrissen. Ich befürchte, sie will aufgeben.«

»Ach, und ich bin mal wieder schuld?« Laura wurde wütend. Sie wollte ja gerne Verständnis haben und der Mutter auch helfen, vielleicht jeden Abend mit ihr lesen üben. Aber man sollte ihr bitte schön nicht wieder die Schuld in die Schuhe schieben, für etwas, von dem sie bis vor einigen Tagen keine Ahnung hatte. Ein bisschen

Durcheinandersein und Wütendsein war doch wohl noch erlaubt!

»Wenn meine Mutter so große Fortschritte gemacht hat, dann wird sie das wohl nicht gleich hinschmeißen, nur weil ich sie durchschaut habe.«

»Niemand gibt dir die Schuld, Laura. Es wäre besser gewesen, du hättest von Anfang an Bescheid gewusst. Deine Mutter hatte nur so große Angst, dass du erfährst, was mit ihr los ist, bevor sie es geschafft hat.«

»Da müsste sie doch jetzt erst recht weitermachen, um es mir zu beweisen.«

»Deine Mutter ist nicht so selbstbewusst wie du. Darum hat sie ja oft so falsch reagiert. Das tun die meisten Erwachsenen, die zu uns kommen. Sie haben vor allem Angst. Angst, wieder zu versagen wie in der Schule. Angst vor den Buchstaben. Darum versuchen wir, unsere Kurse anders als in der Schule aufzubauen.

Jeder lernt so viel und so schnell, wie er kann. Einer schreibt kleine Texte, andere wollen lernen, wie sie Formulare für die Behörde oder für die Bank ausfüllen. Wir helfen ihnen vor allem, dass sie ihre Probleme im Alltag bewältigen. Es gibt keinen Leistungsdruck, keine Noten, kein Sitzenbleiben, damit haben sie früher genügend schlechte Erfahrungen gemacht.

Wir schreiben natürlich auch Diktate und jeder muss etwas vorlesen oder selber etwas schreiben. Deine Mutter zum Beispiel nimmt sich jeden Tag einen Buchstaben vor und übt vor allem das Schreiben. Im Rechenkurs schafft sie sogar schon kleine Textaufgaben.« Sarahs Mutter sagte das so, als sei das etwas, auf das man stolz sein konnte. Laura fiel es sehr schwer, es toll zu finden, dass ihre Mutter Textaufgaben schaffte, die sie selber bereits in der dritten Klasse bewältigt hatte.

»Nicht vergleichen, Laura«, sagte in dem Moment Sarahs Mutter. Gedanken lesen konnte sie auch noch! »Du musst ihr helfen. Wenn du ihr nicht zeigst, dass du es super findest, dass sie den Mut hat, jetzt noch lesen und schreiben zu lernen, dann wird sie den Kurs abbrechen. Sie wäre nicht die Erste.«

Eine Weile herrschte Stille. Dann sagte Laura leise: »Ich hab gestern Abend Mutters Geschichte gelesen. Ich ... Aber jetzt ist es zu spät. Sie hat ihre Hefte zerrissen und sich wieder total besoffen.«

Sarahs Mutter stand auf. »Sie wird es schon schaffen, Laura. Sie ist nicht mehr ganz so ängstlich wie am Anfang. Aber du musst ihr dabei helfen. Ich muss jetzt gehen. Ich schau heute Nachmittag noch mal vorbei. Am besten, du wartest hier auf sie und redest dann mit ihr. Sag ihr, dass du willst, dass sie weitermacht.«

Laura schaute auf den Boden. Sie fürchtete sich davor, ihrer Mutter zu begegnen. Was sollte sie ihr denn sagen? Und wenn sie wieder wütend wurde, weil sie daran dachte, dass ihre Mutter sie so oft geschlagen hatte?

»Laura!«

»Na schön, ich kann ja mit ihr reden.« Und in diesem Moment hatte sie es auch wirklich vor. Sie würden über alles sprechen, ganz in Ruhe und mit viel Verständnis, über die Angst der Mutter und über die Ohrfeigen. Und dann würden sie einen neuen Anfang machen.

Aber in diesem Moment wurde die Haustür geöffnet, jemand kam herein, im Flur schepperte etwas. Es klang, als wenn Flaschen aneinander schlugen. Bei diesem bekannten und vor allem gehassten Geräusch zuckte Laura zusammen. Sie hat Nachschub geholt, dachte sie. Da reden wir hier über Fortschritte und Erfolge und sie holt sich wieder Alkohol, um weiterzusaufen. Na, das war's dann wohl. Was mach ich hier eigentlich noch? Es ändert sich sowieso nichts.

Sie stand auf und rannte aus dem Zimmer. Im Flur stolperte sie über eine Einkaufstüte. Die Tüte kippte um. Die Flaschen rollten durch den Flur: 1-mal Orangensaft, 2-mal Cola, 1-mal Wasser. Die Mutter kam erschrocken aus der Küche angelaufen.

»Laura!«

Laura beachtete die Mutter gar nicht. Sie wühlte in der Tüte. Aber das, was sie erwartet hatte, fand sie nicht. Nur Cola, Wasser, Orangensaft.

Sie stand hastig auf. »Im Wohnzimmer wartet deine Lehrerin auf dich. Du hast die Schule geschwänzt.«

Das war gemein und Laura wusste es selber, noch bevor der Satz ganz heraus war und lange, ehe sie den Ausdruck auf dem Gesicht der Mutter sah. Warum musste sie immer alles kaputtmachen? Laura rannte aus der Wohnung, so wütend wie schon lange nicht mehr, diesmal allerdings auf sich selber.

Den Rest des Tages war sie sehr schweigsam. Opa Hermann beobachtete sie besorgt, wie sie vor dem Fernseher saß und eine Serie nach der anderen verschlang.

Selbst Fridolin gelang es nicht, Laura zum Spazierengehen zu bewegen, was er eigentlich immer schaffte, und Opa Hermann wurde dadurch endgültig klar, dass eine neue Krise entstanden war, von der er keine Ahnung hatte.

»Hast du eigentlich deine Schultasche geholt?«

Laura schüttelte den Kopf. Die Tasche hatte sie total vergessen. »Ja, willst du nicht ...« Laura schaute ihn entsetzt an, also ging er selber zu Lauras Mutter hinüber und kam zwei Stunden später mit der Schultasche und der Gewissheit zurück, dass er zumindest einen Teil der Krise entschärft hatte.

19

Am nächsten Morgen trödelte Laura lange am Frühstückstisch herum, so dass Opa Hermann schließlich meinte: »Hast du irgendwie Probleme, zur Schule zu gehen? Soll ich dich begleiten?«

»Nein, nein, ich gehe ja schon.« Laura packte ihr Butterbrot, den Apfel und das Getränk in ihre Schultasche. Opa Hermann hatte alles liebevoll eingetütet und neben ihren Frühstücksteller gestellt.

7 Uhr 45. Lauras Schritte wurden immer langsamer, je näher sie der Schule kam. Hinter einem Busch ging sie in Deckung, um auf das Klingelzeichen zu warten. Sie wollte erst direkt vor oder noch besser hinter dem Lehrer in die Klasse kommen. Dann wäre sie wenigstens vor den blöden Bemerkungen geschützt, die mit Sicherheit kommen würden.

Während die Schüler von allen Seiten durch das Tor ins Schulgebäude strömten, hockte Laura hinter dem Busch und zog Bilanz.

Es war nicht der Unterricht, vor dem sie sich fürchtete. Es waren die Pausen. Der Einzige, der wohl zu ihr halten würde, würde wahrscheinlich Markus sein. Und wenn Markus etwas machte, dann zogen auch Sven, Pit und Bernd mit. Janina, Emel und Claudia waren ebenfalls auf ihrer Seite. Aber das war's dann auch schon. Die anderen warteten doch nur auf so eine Gelegenheit, um ihr endlich eins auszuwischen.

Besonders nett war sie ja wirklich nicht gewesen. Von der ersten Stunde an hatte sie sich als Coole, Überlegene gegeben. Dass dies oft nur gespielt war, konnten die anderen nicht ahnen.

Es klingelte. Die Schulglocke brachte auch Lauras Magen zum Grummeln. Es klingelte zum zweiten Mal. Jetzt würde Herr Bennert die Klasse betreten. Er gehörte zu den besonders Pünktlichen. Laura blieb hinter ihrem Busch.

Heute nicht, dachte sie. Morgen. Ich versuch's morgen. Ganz bestimmt. Da haben wir nur vier Stunden. Das ist auszuhalten. Morgen.

Sie kroch unter dem Busch hervor, gerade als ihre Mutter um die Ecke bog. Laura duckte sich. Die Mutter kam eilig näher, ging an ihr vorbei, ohne sie zu bemerken. Ob sie wohl wieder zu ihrem Kurs ging? Hatte Sarahs Mutter sie überzeugt? Oder Opa Hermann? Warum war er sonst so lange weggeblieben?

Hoffentlich, dachte Lara auf einmal. Sie muss es einfach schaffen. Wenn sie lesen und schreiben kann, dann gibt es keinen Grund mehr zu lachen. Dass die Mutter dann auch aufhörte, sich über ihre schlechten Noten aufzuregen, das bezweifelte Laura doch sehr. Aber die Klasse würde nicht mehr lachen können. Gelernt ist gelernt. Meine Mutter lernt es eben später. Und dazu gehört viel mehr Mut, als wenn man mit sechs Jahren lesen lernt. Das wird einem doch praktisch aufgezwungen. Aber als Erwachsener noch so einen Kurs zu machen, das hatte was. Wie hatte Sarahs Mutter gesagt? Wer lacht, hat keine Ahnung.

Die Mutter bog um die nächste Straßenecke. Laura sprang auf und sprintete hinterher. Sie versteckte sich hinter den Menschen, die ebenfalls zur Bahn eilten. Um diese Zeit waren wie immer eine Menge Leute unterwegs. So viele, dass nicht nur Laura ohne Probleme hinter der Mutter herschleichen konnte. Wenn Laura es nicht so eilig gehabt hätte, wäre ihr vielleicht aufgefallen, dass auch sie verfolgt wurde, und zwar schon von dem Moment an, als sie statt ins Schultor einzubiegen die Straße entlanggerannt war.

Die Mutter löste eine Fahrkarte. Verflixt, an Geld hatte Laura in der Eile nicht gedacht. Na, egal, dann fuhr sie eben schwarz. Wenn sie Glück hatte, kam kein Kontrolleur und sonst ... es kam jetzt auch nicht mehr drauf an.

Laura beobachtete ihre Mutter verwundert, als sie am Kiosk eine Zeitung kaufte. Seit wann liest Mutter Zeitung? Sie setzte sich ganz hinten in den Waggon, mit Blick auf den Rücken ihrer Mutter.

Die Mutter hatte die Zeitung aufgeschlagen und las. Oder tat sie nur so? Geschickt war sie, das musste man ihr lassen. Sie hatte schließlich jahrelange Übung darin. Oder konnte sie die Zeitung tatsächlich schon lesen?

Am Hauptbahnhof stieg eine alte Frau ins Abteil. Sie schaute sich suchend um, bis sie Lauras Mutter entdeckte. Sie strahlte übers ganze Gesicht und setzte sich neben sie. Die beiden schienen sich gut zu kennen. Sie plauderten die ganze Fahrt über ohne Pause. Laura hätte zu gerne gewusst, worüber sie redeten, aber das war zu gefährlich. Die Mutter sollte sie auf keinen Fall entdecken.

20

Laura merkte zunächst nicht, dass die Bahn anhielt und die beiden Frauen ausstiegen. Erst als der Schaffner: »Zurückbleiben!« rief, sprang sie auf und aus der S-Bahn hinaus.

Auf der Treppe zum Ausgang sah sie ihre Mutter und die andere Frau wieder. Vorsichtig folgte sie ihnen. Die beiden gingen zu einem großen Haus direkt gegenüber dem Eingang zur S-Bahn. Neben der Tür hing ein Schild: *Volkshochschule*. Laura blickte durch die Glasscheiben der Eingangstüre in den Vorraum. Dort stand eine große Tafel: Der *Kurs von Frau Teichhuber findet heute in Raum 15 statt.* Frau Teichhuber, das war Sarahs Mutter.

Laura schlich um das Haus herum. Wenn sie Glück hatte, lag der Raum 15 im Erdgeschoss. Vorsichtig schaute Laura durch die verschiedenen Fenster. In jedem Raum fanden Kurse statt: Malkurse, Töpfern, Englisch.

Laura kroch durch die Büsche, die der Gärtner wohl extra dicht an das Gebäude gepflanzt hatte, damit niemand vor den Fenstern stehen und lauschen konnte.

Als sie gerade unter einem dichten Busch langkroch, sah sie plötzlich zwei Schuhe vor sich. Erschrocken schrie sie auf.

»Verflixt, sei bloß still. Das Fenster ist auf.«

Markus! Bevor Laura ihn beschimpfen konnte, redete Markus weiter:

»Opa Hermann hat gesagt, du kommst heute zur Schule. Ich soll ein wenig auf dich aufpassen, damit du nicht ganz alleine in die Klasse gehen musst. Also hab ich auf dich gewartet. Aber du bist an der Schule vorbeigegangen. Und als ich in der S-Bahn deine Mutter mit Frau Paulsen gesehen hab, da hab ich gewusst, wohin du gehst.«

»Wer ist Frau Paulsen?«

»Na, die alte Dame, die deine Mutter begleitet hat. Die lernt doch auch lesen, damit sie ihren Enkeln was vorlesen kann. Sie hat mir erzählt, dass sie das bei ihren Kindern nicht konnte, aber jetzt will sie das alles nachholen. Fünfundsechzig ist die schon. Toll, was?«

Markus zog Laura hoch und zeigte vorsichtig durch das offene Fenster auf eine Frau mit langen schwarzen Haaren.

»Meine Mutter«, flüsterte er. »Ich hole sie manchmal mittags ab. Darum kenne ich einige von den anderen. Achtung!« Sie duckten sich, denn in diesem Moment kam der Hausmeister um die Ecke. Markus sagte leise: »Bloß weg hier.« Beide schlichen sich durch die Büsche zum Ausgang und rannten zur S-Bahn.

An diesem Morgen erschienen Markus und Laura erst zur dritten Stunde in der Schule. Zu Lauras großem Erstaunen machte niemand eine blöde Bemerkung. Sie taten so, als ob Laura nur kurz wegen einer Grippe gefehlt hatte. Auch in den Pausen erwähnte niemand die Geschichte mit der Postkarte. Vor allem Sarah und Nicole bemühten sich sehr, nett zu Laura zu sein. Noch vor einer Woche hätte sie ihnen sicher ins Gesicht gesagt, dass sie sich ihre Freundlichkeit an den Hut stecken könnten, aber an diesem Tag war sie froh darüber.

21

Als sie mittags beim Essen zusammensaßen, erzählte Laura Opa Hermann, dass sie statt in der Schule bei der Volkshochschule gewesen war, um zu sehen, wohin ihre Mutter jeden Morgen fuhr.

»Warum hast du Mutter eigentlich nicht schon früher geholfen? Du wusstest doch Bescheid. Oder Vater? Ihr habt sie ganz alleine gelassen. Warum hat sie nicht längst so einen Kurs gemacht?«

»Ich weiß auch erst seit einem Jahr, dass sie nicht lesen und schreiben kann. Seit dein Vater so oft unterwegs ist, hab ich ihr geholfen, Briefe an die Behörden zu schreiben und Briefe zu lesen. Darum lag der Brief von deinem Lehrer auch bei mir. Ich sollte einen Antwortbrief schreiben, den sie dann ...«

»... einfach nur abgeschrieben hätte. Na toll. Statt ihr schreiben beizubringen, lässt du sie abschreiben. Das hat ihr aber sehr geholfen.«

»Laura, sie wollte nicht. Sie war felsenfest davon überzeugt, dass es zu spät sei, damit anzufangen. Einer ihrer Lehrer hat früher so einen dummen Spruch gesagt: Was Hänschen nicht lernt, lernt Hans nimmermehr. Lesen und schreiben lernte auch der Doofste in der Schule – nur sie nicht. So hat sie immer behauptet.«

Laura biss sich auf die Lippen. Genau das hatte sie auch zu ihrer Mutter gesagt. Aber damals hatte sie ja keine Ahnung gehabt. Überhaupt hatte sie wohl so einiges gesagt, ohne zu ahnen, wie sehr es die Mutter verletzen musste.

»Und dann hat deine Mutter diese Sendung im Fernsehen gesehen und festgestellt, dass es Millionen gibt, die es nicht gelernt haben«, erzählte Opa Hermann weiter. »Diese Frau Weiß im Fernsehen, wie sie dasaß und einfach so erzählte, dass sie lesen und schreiben auch erst vor einem Jahr gelernt hat, das hat deine Mutter schwer beeindruckt. Und dann hat sie bei der Volkshochschule angerufen. Jeden Tag geht sie jetzt hin und lernt. In einem halben Jahr dürfte sie es geschafft haben. Weißt du überhaupt, was das für sie bedeutet? Sie kann dann einkaufen gehen, ohne Angst zu haben, die Leute würden merken, dass sie nicht lesen kann. Du hast aus ihrem Bericht ja gesehen, wie sehr sie darunter gelitten hat.«

Laura verzog den Mund. »Trotzdem verstehe ich nicht, warum sie mich bei jeder schlechten Note geschlagen hat? Gerade sie hätte doch verstehen müssen, wieso man Fünfen schreiben kann. Jemand, dem das Lernen leicht fällt, der kann bestimmt nicht begreifen, warum man schlechte Noten bekommen kann. Aber Mutter kennt doch das Gefühl, wie mies man sich bei 'ner Fünf fühlt.«

»Laura, ich weiß auch nicht genau, wie sich jemand fühlt, der sein Leben lang Angst haben musste, dass man ihn auslacht, weil er etwas nicht kann, was hier bei uns eigentlich jeder lernt. Ich versuch doch auch nur, sie zu verstehen. Sicher hatte sie Angst, dass es dir so geht wie ihr. Dass du auch ohne Abschluss die Schule verlassen musst und dass man ihr die Schuld gibt, weil sie dir nicht helfen konnte so wie andere Mütter ...« Opa Hermann brach etwas hilflos ab.

»Na, siehst du. Du weißt es selber nicht. Wenn sie es mir erzählt hätte, dann hätte ich sie vielleicht verstanden. Aber mir hat ja niemand gesagt, was los ist. Dabei kann ich immerhin lesen und schreiben. Im Diktat hab ich letztens sogar 'ne Zwei geschrieben.«

»Aber wenn du Probleme hattest, brauchtest du diese kleine Pille ... Gib ihr eine Chance, Laura. Dein Vater hat mir erzählt, dass sie in den letzten Jahren immer seltener Besuch von Freunden bekommen haben, weil deine Mutter sich zu Hause verkrochen hat. Aber jetzt geht es aufwärts. Je sicherer sie sich im Lesen fühlt, desto ... Sie fährt alleine mit der U-Bahn in die Stadt, sie hat keine Angst mehr vor fremden Menschen. Schau sie dir doch an. Ist dir nicht aufgefallen, dass sie eine neue Frisur hat, morgens nicht mehr bis mittags im Bett liegt ...?«

»Und die Ohrfeigen?«

»Zurücknehmen kann sie sie nicht mehr, aber sie wird sich sicher bei dir entschuldigen. Gib ihr eine Chance, Laura.«

Nach dem Essen stellte sich Laura ans Fenster und beobachtete die Straße.

»Ob sie schon wieder da ist?«

Opa Hermann schaute von seiner Zeitung hoch. »Wer ist wo?«

»Na, Mutter. Wann kommt sie zurück?«
»Ihr Kurs dauert bis vierzehn Uhr. Wenn sie nicht noch einkaufen gefahren ist, müsste sie schon zurück sein.«
»Kannst du mir mal fünf Mark leihen?«
»Für kleine Pillen hab ich kein Geld übrig«, meinte er.
»Kuchen«, sagte Laura. »Ich will nur Kuchen kaufen. Ehrenwort.«
»Und dann?«
»Das letzte Mal ist die Kuchenparty danebengegangen«, meinte Laura und steckte die fünf Mark in ihre Hosentasche. »Mal sehn, ob es diesmal klappt ... Tschüss. Bis nachher.«

Opa Hermann schaute ihr leicht besorgt hinterher. Eine Viertelstunde später sah er sie mit einem Kuchenpaket zurückkommen. Er beobachtete, wie sie klingelte und Lauras Mutter den Kopf aus dem Fenster streckte, um zu sehen, wer kam. Sie machte ein überraschtes Gesicht, dann schloss sie das Fenster und verschwand. Ein paar Sekunden später öffnete sich die Haustüre. Als sie wieder hinter Laura zugefallen war, drehte sich Opa Hermann um, ging in das Zimmer, in dem Laura geschlafen hatte, und fing an, ihre Reisetasche zu packen.